# Gregor Bradler

# KARPFEN

Mehr Fisch, weniger Technik

# Impressum

Einbandgestaltung: Kornelia Erlewein
Titelbild: Gregor Bradler

Bildnachweis:
Autor, außer:
Stefan Gysbers – 3 Bilder
Korda – 2 Bilder
Fox – 3 Bilder
Norbert Handschuh – 5 Bilder
Olivier Portrat – 1 Bild
Purefishing – 5 Bilder
Shimano – 1 Bild
Rolf Schwarzer – 1 Bild

ISBN 978-3-275-02039-3

Copyright © by Müller Rüschlikon Verlag
Postfach 10 37 43, 70032 Stuttgart
Ein Unternehmen der Paul Pietsch Verlage GmbH & Co. KG

3. Auflage 2021

Sie finden uns im Internet unter
www.mueller-rueschlikon-verlag.de

Lektorat: Frank Weissert
Innengestaltung: NovoTec GmbH, 73779 Deizisau
Druck und Bindung: Gorenjski tisk storitve, 4000 KRANJ
Printed in Slovenia

# Inhalt

Vorwort ........................................................................ 4

Duo für die Großen – Haarmontage und Boilies.................. 6

Boilie – Großkarpfenköder Nummer 1 ............................... 9
Fertigboilies ................................................................. 9
Boilies selbst herstellen ............................................. 12
Partikel und Pellets – echte Alternativen...................... 18

Das Vorfach................................................................. 24
Klassisch weich – das geflochtene Vorfach.................. 25
Richtig steif – das Stiff-Rig........................................ 28
Intelligent kombiniert – das Kombi-Rig........................ 30

Gute Greifer – der richtige Haken ................................. 33

Fängiges Gegengewicht – die Bleimontage .................... 39

Attraktives Angebot – besondere Präsentationen............ 46

Futter bringt Fisch...................................................... 63
Futtermenge und Futtersorten .................................... 65
Die Futterstrategie.................................................... 69
Hilfsmittel fürs Anfüttern ........................................... 71
Zauberhafte Lösung – PVA......................................... 77

Tackle – Ausrüstung für den kapitalen Fang ..................... 84
Ruten...................................................................... 85
Rollen .................................................................... 93
Bissanzeiger ........................................................... 109
Rutenablage........................................................... 113
Schirm und Zelt ....................................................... 115
Liege, Stuhl und Schlafsack....................................... 119
Kescher, Abhakmatte und Karpfensack ...................... 122
Tasche, Rucksack und Futteral .................................. 126
Wichtige Helfer....................................................... 129

Wo, wann und wie – Erfolgs-Strategien........................... 133
Kleingewässer – ideal für den Beginn.......................... 134
Bagger- und Naturseen – für Fortgeschrittene ............. 138
Stauseen, große Flüsse und Kanäle – eine Herausforderung.................... 146

# Vorwort

An meinen ersten Ansitz auf Karpfen mit modernen Methoden kann ich mich noch sehr gut erinnern. Inspiriert von einem Artikel im BLINKER hatte ich an einem kleinen Fluss eine Stelle mehrere Tage lang mit aufgekochtem Hartmais angefüttert und drei Maiskörner auf das Haar meiner erstmalig geknüpften Selbsthakmontage gezogen. Bis dahin hatte ich vorwiegend mit Brotflocken oder Dosenmais an der Laufblei- bzw. Posenmontage gefischt. Auf diese Weise hatte ich zwar auch Karpfen gefangen – aber meistens nur als Beifang und in eher kleinen Größen. Ein bisschen skeptisch war ich schon, als die beköderte Montage mit Hilfe eines lockeren Unterarmwurfes an den Futterplatz befördert wurde. Würde diese Technik wirklich funktionieren? Ich setzte mich auf den Stuhl, der hinter den beiden relativ leichten Grundruten platziert war und harrte der Dinge, die da hoffentlich kommen würden.

Zunächst passierte aber herzlich wenig. Nach etwa einer Stunde nahm die Konzentration ab und die Stimme des Zweiflers in mir wurde lauter: Vielleicht doch besser wieder eine Brotflocke auf den Haken ziehen? Plötzlich gab es einen gewaltigen Ruck in der Rute. Sekundenbruchteile später flog die Rute von den beiden Erdspießen, auf denen ich sie waagerecht abgelegt hatte. Nur ein beherzter Sprung vom Stuhl verhindert, dass ich nicht nur ohne Fisch, sondern auch ohne Rute nach Hause hätte fahren müssen. Mit einer bis ins Handteil gekrümmten Rute folgte ich dem Fisch stromab. Mir zitterten die Knie vor Aufregung, solch einen kampfstarken Fisch hatte ich bis dahin noch nicht am Band gehabt. Nach einer gefühlten Ewigkeit konnte ich einen langen Schuppenkarpfen in meinen kleinen Klappkescher führen. 14 Pfund brachte der Karpfen auf die Waage – für mich zu dieser Zeit ein gigantischer Fisch. Von solchen Karpfen hatte ich bis zu diesem Zeitpunkt nur geträumt. Nach diesem Erlebnis stand für mich fest: das Angeln auf Karpfen mit modernen Methoden ist mein Ding. Und auch heute, nach mittlerweile fast 20 Jahren Karpfenangeln, ist die Faszination für diese Angeltechnik und die Fische, die dabei an den Haken gehen, ungebrochen.

Die Faszination Karpfenangeln hat nicht nur mich ergriffen. Keine auf eine Fischart spezialisierte Angeltechnik boomt seit Jahren so stark wie das moderne Karpfenangeln. Kein Wunder, denn mit dieser Technik ist es möglich, richtig große und starke Karpfen gezielt zu fangen. Bevor die

Gleich ist der Fisch im Kescher. Beim Karpfenangeln kann man jederzeit mit einem Kapitalen rechnen.

modernen Methoden aufkamen, galten Karpfen von 20 oder 30 Pfund in vielen Gewässern als nicht existent. Und wenn es sie gab, haftete ihnen der Ruf an, dass sie äußerst schlau und daher nicht zu fangen seien. Aber mit der spezialisierten Angeltechnik, die ihren Weg von England nach Deutschland fand, waren große Karpfen auf einmal fangbar. Mittlerweile bestehen in den meisten Seen und Flüssen realistische Chancen auf einen 20- oder 30-Pfünder. Fast jedes Jahr werden neue Rekordfische gemeldet: 50, 60, 70 Pfund – die Skala scheint nach oben offen zu sein.

Auf richtig große Karpfen zu angeln, ist eine schwierige Angelegenheit. Diese Einschätzung höre ich häufig von Anglern, die erstmalig in Kontakt mit dem modernen Karpfenfischen kommen. Und dieses vorschnelle Urteil hat Gründe: In Zeitschriften, im Internet und im Angelladen wird der Einsteiger von Informationen und Produkten nahezu erschlagen. Bunte Kugeln, Aromen in allen erdenklichen Geschmacksrichtungen, komplizierte Rigs, piepsende Bissanzeiger mit Funksystem und Zelte so groß wie Einzelgaragen – da sieht man häufig vor lauter Bäumen den Wald nicht mehr. So ergeht es übrigens nicht nur dem Einsteiger. Auch fortgeschrittene Karpfenangler stellen sich häufig die Frage: Muss es wirklich so kompliziert sein? Muss es nicht, lautet meine Meinung. Ich gehe soweit zu behaupten, dass das moderne Karpfenangeln eine der einfachsten Methoden ist, um große Fische zu fangen – wenn man weiß, worauf es ankommt. Und genau darum geht es auf den folgenden Seiten: Was muss man wissen bzw. was braucht man, um einen großen Karpfen an den Haken und in den Kescher zu bekommen. Sie werden sehen, dass der Weg zum Traumfisch nicht so steinig ist, wie er manchmal erscheint.

Karpfenangeln muss nicht kompliziert sein. Wenn man weiß, worauf es ankommt, klappt's auch mit den Kapitalen.

# Duo für die Großen – Haarmontage und Boilies

Auch wenn es ständig Neuheiten in allen Bereichen des Karpfenangelns gibt, so waren es doch zwei unmittelbar miteinander zusammenhängende Erfindungen, die das Fischen auf die Rüssler revolutioniert haben und auch heute noch dafür verantwortlich sind, dass so viele kapitale Karpfen ihren Weg in die Kescher der Angler finden: der Boilie und die Haarmontage.

Der Boilie wurde in den 1980er Jahren von ambitionierten Anglern in England erfunden, die nach einer Möglichkeit suchten, gezielt auf große Karpfen zu fischen. Eigentlich ist der Boilie, der häufig als »Wunderköder« angesehen wird, nichts anderes als eine Weiterentwicklung des Teigs.

Die Haarmontage im Detail: Der Köder wird auf ein Stück Schnur gezogen, das sich unterhalb des Hakens befindet. Vorteil dieser Anköderungstechnik: Der Haken liegt frei und kann sehr gut im Maul des Karpfens greifen.

Bei der Herstellung des Boilie wird die Paste zu Kugeln geformt und gekocht. Vom Kochvorgang hat der Boilie auch seinen Namen, denn kochen heißt auf Englisch »to boil«. Nach dem Kochen und Trocknen ist aus dem vormals weichen Teig eine harte Kugel geworden. Der Vorteil dieser Teigkugeln liegt darin, dass man mit ihr ziemlich selektiv angeln kann. Einen Boilie mit einem Durchmesser von 20 Millimetern können kleine Weißfische kaum knacken. Karpfen hingegen haben mit den gekochten Teigkugeln kein Problem.

Wer einen Boilie aufs Haar zieht, kann ziemlich sicher sein, dass bei einem Biss auch ein Karpfen am Haken hängt. Das Füttern und Fischen mit Boilies hat außerdem den Vorteil, dass das Risiko gering ist, vorsichtige Großkarpfen zu verschrecken. Angelt man mit weniger selektiven Ködern und hakt ein Rotauge oder einen Brassen, entsteht beim Drill sehr viel Unruhe. Da suchen die Karpfen garantiert das Weite, lassen in nächster Zeit an der Stelle nicht mehr blicken und die Chance auf einen schönen Fisch ist vertan.

Bei der Haarmontage wird der Köder nicht direkt auf dem Haken platziert, sondern an einem Stück Schnur, das sich unterhalb des Hakenbogens befindet. Zu Beginn der modernen Karpfenangelei wurde das Haar aus besonders dünnem Material hergestellt – daher der Name. Die Zeiten, in denen das Haar besonders dünn sein musste, sind vorbei, der Name ist geblieben.

Boilies sind gekochte Teigkugeln, mit denen man selektiv auf Karpfen angeln kann.

Die Idee hinter der Haarmontage ist folgende: Weil der Haken nicht vom Köder bedeckt ist, kann er nach dem Biss sehr gut im Maul der Karpfen greifen. Wer kennt nicht die zahlreichen Fehlbisse beim Grund- oder Posenangeln, wenn Teig um den Haken geknetet oder Dosenmais auf den Greifer gesteckt wurde? Die Pose ging auf Tauchstation oder die Rutenspitze schlug aus, aber der Anhieb ging ins Leere. Solch frustrierende Momente muss man beim Angeln mit dem Hair-Rig und einer dazu passenden Festbleimontage nur noch selten erleben. Ist die Montage richtig hergestellt, hängt der Karpfen meist am Haken, wenn er den Köder eingesaugt hat. Sogar ein Anhieb ist dann überflüssig.

Häufig wird die Sorge geäußert, dass die Karpfen den freiliegenden Haken erkennen und dadurch verschreckt werden könnten. In den meisten Situationen halte ich diese Angst für absolut unbegründet. Ein Haken, der neben dem Köder auf dem Boden liegt, wird von den meisten Karpfen offenbar nicht als Gefahr wahrgenommen.

Wer Idee und Wirkungsweise dieser beiden Kernelemente des modernen Karpfenangelns verstanden hat, dem ist der Einstieg in diese Angeltechnik geglückt. Abgesehen von dem Auffinden Erfolg versprechender Stellen in Fluss oder See, bauen alle weiteren Aspekte des modernen Karpfenangelns weitestgehend auf der Haarmontage und dem selektiven Köder Boilie auf.

Haarmontage und Boilie haben ihren Dienst getan. Der Karpfen hängt am Haken.

# Boilie – Großkarpfenköder Nummer 1

Auf Events, Messen und per Mail fragen mich vor allem junge Karpfenangler, mit welcher Boilie-Marke oder welcher Aroma-Richtung der Kugeln ich meine größten Karpfen fange. Das macht deutlich, dass die gekochte Teigkugel mittlerweile häufig den Status eines »Wunderköders« genießt. Nicht ganz zu Unrecht, denn der Boilie ist ein wichtiger Baustein in der Strategie des erfolgreichen Karpfenanglers. Schließlich muss der Fisch Gefallen an der Kugel finden und sie einsaugen.

Der Eindruck, dass der Boilie wirklich ein Wunderköder sein könnte, ist vielleicht auf das mittlerweile riesige und unübersichtliche Angebot zurückzuführen. Überall sieht man bunte Kugeln in noch bunteren Tüten. Vom noch relativ gewöhnlichen Flavour Vanille bis hin zum für einen Boilie doch recht ungewöhnlichen Geschmack »Knoblauch-Salami« – es gibt mittlerweile nichts, was es nicht gibt. Deshalb fällt es nicht leicht, bei der Boilie-Auswahl den Blick aufs Wesentliche zu richten. Ich unterscheide im Wesentlichen zwischen Fertigboilies, sogenannten Readymades, und selbst gerollten Boilies.

## Fertigboilies

Als ich mit dem Karpfenangeln begonnen habe, war es gar nicht so leicht, an Fertigboilies zu kommen. Zum einen führten viele Angelläden keine Boilies, zum anderen gab es auch viele qualitativ minderwertige Kugeln. Heute hat sich das Bild gewandelt: In fast jedem Angelladen kann man Boilies kaufen und die Möglichkeit, über das Internet einzukaufen, macht es dem Angler einfacher, an Boilies zu kommen. Auch die Qualität der verkauften Boilies hat sich meiner Meinung nach in den letzten Jahren verbessert. Viele Hersteller sind am Markt vertreten und die Auswahl ist groß – da kann es sich keine Firma mehr leisten, schlechte Boilies anzubieten, wenn sie ihre Kunden behalten möchte. Das macht es gerade für den Einsteiger leicht, seine ersten Schritte mit Boilies zu wagen.

Das Problem für den Angler besteht darin, dass er nicht in den Boilie hineinschauen kann. Er weiß also nicht, welche Zutaten in den Kugeln verarbeitet wurden und muss sich auf die Angaben der Hersteller verlassen. Das macht es schwierig, einen guten von einem schlechten Boilie zu unterscheiden. Es gibt allerdings zwei Faktoren, an denen sich der Angler

Immer mehr Hersteller drucken ein Haltbarkeits- datum auf die Boilie-Tüte. Das ist ein Anhaltspunkt beim Kugelkauf – denn Frische zählt.

beim Boiliekauf orientieren kann: Zum einen der Preis und zum anderen die Frische.

Der **Preis** eines Boilie setzt sich unter anderem aus den verwendeten Zutaten zusammen. Wer günstige Boilies kauft, muss sich darüber im Klaren sein, dass in den Kugeln höchstwahrscheinlich auch vorwiegend günstige Zutaten verarbeitet wurden. Anders könnte der niedrige Ver- kaufspreis nicht erreicht werden.

Karpfen sind neugierig und fressen sicherlich auch Boilies, die aus günstigen und eventuell qualitativ minderwertigen Zutaten bestehen. Bei einem Ansitz ohne vorheriges und langes Anfüttern kann man sicher- lich auch mit diesen Kugeln Erfolge erzielen. Falls allerdings über einen langen Zeitraum mit minderwertigen Boilies angefüttert wird, werden die Karpfen merken, dass das Futter keinen hohen Nährwert hat und die Köder meiden.

Es geht mir ausdrücklich nicht darum, Boilies für kleines Geld in Frage zu stellen. Ich habe auch schon mit günstigen, so genannten »Futter- boilies« gefangen. Boiliekauf ist zu einem großen Teil Erfahrungs- und Vertrauenssache. Es muss kein Boilie für 15 oder 20 Euro pro Kilo sein. Wer auf Nummer sicher gehen und nicht viel Geld ausgeben möchte, wählt einen Boilie in der mittleren Preisklasse.

Der zweite Faktor, den man beim Kauf von Fertigboilies beachten sollte, ist die **Frische**. Zwar sind Fertigboilies aus der Tüte mit Konser- vierungsstoffen versehen und deshalb haltbar – aber auch nicht ewig. Kugeln, die schon zwei Jahre im Regal liegen, haben sicherlich einen Großteil ihrer Fängigkeit und Attraktivität eingebüßt. Auch von Säcken mit überlagerten Fertigboilies, die nun zum Sonderpreis verkauft werden, sollte man eher die Finger lassen. Immer mehr Hersteller gehen dazu über, auf die Tüten ein Mindesthaltbarkeitsdatum zu drucken. Daran kann man sich gut orientieren. Ich halte es so, dass ich Fertigboilies innerhalb eines Jahres verbrauche.

Auf die Frage, für welches Aroma und für welche Farbe man sich entscheiden sollte, kann man keine pauschale Antwort geben. Ich habe die Erfahrung gemacht, dass die Vorlieben der Karpfen von Gewässer zu Gewässer unterschiedlich sind: Im einen See fressen die Fische lieber süße und fruchtige Kugeln, im anderen Gewässer bringen fischige Kugeln bessere Ergebnisse.

Aber nicht nur der **Geschmack** der Karpfen beeinflusst die Kaufent- scheidung, sondern auch die Vorlieben des Anglers. Der eine mag lieber Erdbeer, der andere bevorzugt Leber oder Krabbe. Hilfreich kann es sein, andere Angler zu befragen, mit welchem Aroma sie erfolgreich sind und sich danach richten. An stark beangelten Seen gehe ich aber auch gegenteilig vor und setze auf Boilies in Geschmacksrichtungen, die von den anderen Anglern nicht verwendet werden. Denn vielleicht haben die Karpfen mit Kugeln in den bekannten Geschmäckern bereits schlechte Erfahrungen gemacht. Von einem Boilie, der ungewohnt duftet, lassen sich die Karpfen dann wahrscheinlich eher zum Biss überreden.

Wer keine Informationen über die Vorlieben der Karpfen an dem jeweiligen Gewässer besitzt und mit mehreren Ruten angeln darf, dem empfehle ich, an jeder Rute einen anderen Boilie anzubieten. Mit der Zeit merkt man, welches Aroma besser fängt und kann seine Köder anpassen.

Auch die **Farbe** der Köder ist nicht zuletzt Geschmackssache des Anglers. Boilies in auffälligen Farben wie weiß, pink, gelb oder rot werden von den Karpfen schnell gefunden. Sie sind allerdings auch von Wasservögeln schnell zu orten. Ich erinnere mich an eine Session, bei der ich zunächst mit roten Boilies anfütterte und fischte. Innerhalb kurzer Zeit hatte ich eine ganze Meute des lästigen Federviehs am Platz, die zum einen meine angefütterten Boilies fraßen und sich zum anderen auch meiner Montage zu schaffen machten. Die Vögel wurden bei ihren Tauchgängen zwar nicht gehakt, aber zogen die komplette Montage ins Kraut, so dass sich Grünzeug am Haken festsetzte. Erst als ich dazu überging, mit dunklen, weniger auffälligen Kugeln zu füttern und zu fischen, hatte ich einigermaßen Ruhe von den Plagegeistern. Bevölkern viele hungrige Wasservögel den See, sollte man mit farbigen Boilies also vorsichtig sein.

Boilies gehören nicht zur natürlichen Nahrung der Karpfen, aber die Rüssler stehen auf die bunten Kugeln.

## Das zählt beim Boilie-Kauf

1. Frische Boilies fangen besser.
2. Mit Kugeln in mittlerer Preisklasse macht man nichts falsch.
3. Bei der Aroma-Wahl an den Vorlieben der Karpfen orientieren.
4. Kommen viele Wasservögel vor, sind farblich unauffällige Boilies besser.
5. Kugeln in 16 bis 20 Millimeter sind Allround-Größen.

Die Auswahl an Fertigboilies in unterschiedlichen Farben und Größen ist riesig.

Unterschiedliche Aromen – da muss man sich entweder an bekannten Vorlieben der Karpfen orientieren oder experimentierfreudig sein.

Letzter wichtiger Punkt ist die **Größe** der Boilies. Das Spektrum erstreckt sich von Miniboilies mit Durchmessern von 10 bis hin zu XXL-Boilies in 30 Millimeter. Die Standard-Größen sind 16, 18 und 20 Millimeter. Diese Kugeln sind einigermaßen resistent gegen Weißfischattacken. Diese Größen eigenen sich bestens für die meisten Situationen.

## Boilies selbst herstellen

Eine Alternative zu Fertigboilies sind selbst gerollte Kugeln. Auch ich habe viele Jahre fast ausschließlich mit selbst hergestellten Boilies geangelt. Hauptsächlich aus zwei Gründen: Zum einen konnte ich dadurch eine Menge Geld sparen und zum anderen wusste ich genau, was

Dieser schöne Schuppi biss beim Test einer neuen Boiliesorte. Das schafft Vertrauen in den Köder.

drinnen ist im Boilie. In den letzten Jahren sind die Zutaten für Boilies (Fischmehle, Eier) allerdings deutlich teurer geworden, was die Ersparnis bei der Eigenherstellung deutlich schmälert. Außerdem muss, wenn man beruflich oder familiär stark eingebunden ist, auch die Arbeitszeit, die man in der Boilieküche verbringt, eingerechnet werden.

Wer Zeit und Freude an der Köderherstellung hat und größere Mengen an Boiles benötigt, dem kann ich die Eigenproduktion ans Herz legen. Man kann seine Boilies aus fertigen Trockenmischungen herstellen (besonders für den Einsteiger zu empfehlen) oder aus selbst hergestellten Mischungen.

## Die Boiliemischung – ein Mysterium?

Die Herstellung von Boilies gehört zu den großen »Mysterien« des Karpfenangelns. Über Mehle, Zusätze und die Vorgehensweise bei der Verarbeitung sind unzählige Beiträge und Artikel geschrieben worden. Die Liste der Ingredienzien, die als Zutat in Frage kommen, ist ewig lang, ganz abgesehen von den Pülverchen, Flüssigkeiten und Aromen, die man bei oder nach der Produktion hinzugeben kann. Allein zu diesem Thema könnte man mehrere Bücher schreiben, ohne alle Aspekte ausreichend beleuchtet zu haben. Fast jeder »Selbstroller« hat sein Geheimrezept, in das er nur äußerst widerstrebend Einblick gewährt.

Wenn man es dann doch geschafft hat, ein solches Rezept zu ergattern, ist man häufig förmlich erschlagen von der Menge an unterschiedlichen Zutaten. Manche Ingredienz hat man vielleicht vorher noch nie gehört, geschweige weiß, wo es sie zu kaufen gibt. Mir liegt es fern, solche Rezepte als unsinnig abzutun. Jeder Angler sammelt unterschiedliche Erfahrungen mit verschiedenen Zutaten und Zusammensetzungen und wie schon beschrieben haben die Karpfen in verschiedenen Gewässern auch unterschiedliche Vorlieben.

Aber gerade diese scheinbar notwendige Komplexität der Boiliemischungen, Mixe genannt, lässt viele Einsteiger vor der Eigenproduktion zurückschrecken. Mir als Anfänger ist es jedenfalls so ergangen: Wenn ich in Zeitschriften oder Büchern ein Rezept sah, das aus mehr als acht oder zehn unterschiedlichen Zutaten bestand, die teilweise schwer erhältlich und darüber hinaus auch noch ziemlich teuer waren, blätterte ich schleunigst weiter.

Aber ein Boilierezept muss nicht kompliziert sein. Wenn ich selbstgerollte Boilies einsetze, basieren die Kugeln meist auf zwei ziemlich einfachen Mischungen. Diese Mixe haben sich in den meisten Situationen und an den Gewässern, die ich befische und befischt habe, bestens bewährt. Einige Karpfen habe ich sogar mehrfach auf die Boilies gefangen, die aus den beiden Rezepten bestehen. Diese Kugeln scheinen bei den Karpfen so hoch im Kurs zu stehen, dass sie sich selbst von einer schlechten Erfahrung nicht davon abschrecken lassen, sie einzusaugen.

Es handelt sich um einen Mix auf Fischmehlbasis und eine Mischung, die auf gemahlenem Vogelfutter basiert. Wenn erforderlich, passe ich sie noch ein wenig an die Gegebenheiten an. Ich behaupte nicht, dass diese Mischungen der Weisheit letzter Schluss sind, aber gerade dem Einsteiger und dem Karpfenangler, der sich im riesigen Angebot an Boiliezutaten nicht zurechtfindet, können diese Mischungen als Grundlage dienen.

### Rezept 1: Fischmehl-Boilie

- 300 g Forelli gemahlen
- 300 g Weichweizengrieß
- 200 g Maismehl
- 100 g Sojamehl vollfett
- 100 g Weizenmehl
- 8 bis 10 Eier (Größe L)
- Olivenöl für die Geschmeidigkeit des Teigs
- Bei Bedarf: Aroma (nicht zwingend erforderlich)

### Rezept 2: Vogelfutter-Boilie

- 300 g Vogelfutter (Birdfood) gemahlen, z.B. Kanarien-Aufzuchtfutter
- 100 g Weizenmehl
- 300 g Weichweizengrieß
- 200 g Maismehl
- 100 g Sojamehl vollfett
- 8 bis 10 Eier (Größe L)
- Olivenöl für die Geschmeidigkeit des Teigs
- Aroma nach Wunsch (fruchtig oder süß)

Mit diesen Kugeln wird man Fisch fangen. Wer dann tiefer in das Thema eintauchen und experimentieren möchte, kann Zutaten austauschen und Mischungsverhältnisse verändern. Alle genannten Zutaten sind relativ günstig und im Supermarkt oder im Angelgeschäft mit etwas größerer Futterauswahl erhältlich.

## Boilies rollen – so funktioniert's

Fertigmixe sind meist schon gut durchmischt. Stellt man einen Mix aus verschiedenen Zutaten her, muss man selbst für eine gute Durchmischung sorgen. Bei der Verarbeitung gehe ich so vor, dass ich zunächst acht bis zehn Eier aufschlage und die Eimasse in eine Schüssel oder einen Eimer gebe. Danach gibt man wenn gewünscht Aromen hinzu und vermischt die Eimasse. Nun wird schrittweise die Trockenmischung zugegeben.

Man sollte das Ganze permanent kneten und darauf achten, dass der Teig nicht zu trocken wird, er muss schließlich geschmeidig genug sein,

Stellt man seinen Boilie-mix selbst her, müssen die einzelnen Bestandteile gut vermischt werden. Entweder mit der Hand oder mit Hilfe eines Quirls.

um sich später noch weiterverarbeiten zu lassen. Der Teig hat die richtige Konsistenz, wenn er geschmeidig ist und nicht mehr an den Fingern klebt. Um Geschmeidigkeit zu erreichen, kann man Olivenöl hinzugeben. Den Teigball packe ich in eine Tüte und lasse ihn dort noch 30 bis 60 Minuten ziehen. Derweil kann man die nächsten Teigbälle herstellen.

Bei meinen ersten Produktionsgängen habe ich jede Kugel einzeln von Hand abgerollt. Aber auf Dauer oder bei größeren Boiliemengen ist diese Vorgehensweise nicht praktikabel. Einfacher sind Boilieroller, auch Rolling Tables genannt. Dabei handelt es sich um zweiteilige Bretter mit »Rinnen« in verschiedenen Durchmessern. Dieser Rinnendurchmesser legt die Größe des Boilie fest.

Die Eier werden in eine Schüssel gegeben. Mit einer Spritze kann die Zugabe von Aromastoffen dosiert werden.

Um den Teig im Boilieroller verarbeiten zu können, benötigt man Teigwürste im richtigen Durchmesser. Entweder trennt man etwas Teig ab und rollt von Hand eine Teigwurst, die in die Rinne passt, oder man legt sich eine Spritze mit dem entsprechenden Aufsatz zu, die Würste im richtigen Durchmesser ausspuckt. Diese Teigspritzen werden unter der Bezeichnung »Boiliegun« verkauft. Für die Boiliegun gibt es Aufsätze in unterschiedlichen Durchmessern, passend zum Boilieroller.

Die Wurst wird quer auf den Boilieroller gelegt. Danach setzt man das Oberteil des Rollers auf und bewegt es mehrmals vor und zurück. Nun wird das Oberteil abgenommen – fertig sind die »rohen« Boilies. Die Kugeln werden nun in einer Kiste zwischengelagert. Wichtig ist, dass man sie nicht übereinander lagert, sonst können sie sich gegenseitig plattdrücken.

Ist der Teig verarbeitet, geht es ans Kochen. Das ist nötig, um den Kugeln die nötige Härte zu verleihen. Die rohen Boilies werden vorsichtig in kochendes Wasser gegeben. Umrühren nicht vergessen, sonst kann es passieren, dass die Kugeln am Boden des Topfes kleben bleiben. Nach einiger Zeit kommen die Kugeln an die Wasseroberfläche – dann sind sie bereit fürs Abschöpfen.

Dann lässt man sie abdampfen und gibt sie danach zum Trocknen in eine Kiste. Die Kugeln sollten ausreichend Platz haben und sich gegenseitig nicht berühren. Sehr gut geeignet sind Kisten mit Gitterboden, etwa aus dem Bäckereibedarf. So bekommen die Boilies auch von unten Luft. Ich lege die Kisten meist mit Zeitungspapier aus, man kann aber auch Fliegengitter oder sonstiges feines Netzmaterial verwenden. Die Kugeln müssen dann je nach gewünschtem Härtegrad ein bis drei Tage trocknen. Dazu sollte man sie in einem Raum mit relativ geringer Luftfeuchtigkeit deponieren. Die besten Ergebnisse habe ich im Heizungskeller erzielt. Während des Trockungsprozesses sollte man die Kugeln ein bis zweimal pro Tag wenden.

Haben die Kugeln den gewünschten Härtegrad erreicht, sind sie einsatzbereit. Boilies, die man nicht sofort verbrauchen möchte, kann man

Eine Teigspritze fabriziert Teigwürste mit dem passenden Durchmesser.

auch lagern. Einige Angler salzen oder zuckern ihre Boilies, damit sie keinen Schimmel ansetzen. Das hat bei mir allerdings nicht immer funktioniert, deshalb verpacke ich meine selbstgerollten Boilies am liebsten in Tüten und deponiere sie in der Gefriertruhe.

Die »rohen« Boilies sind bereit fürs Kochen.

## Eckig geht auch

Ein Boilie muss schön rund sein. Diese Meinung hat sich in viele Anglerhirne eingebrannt. Aber wo steht eigentlich geschrieben, dass Boilies rund sein müssen? Wenn man nicht gerade auf große Distanz angelt und Kugeln benötigt, die weit fliegen, benötigt man keine runden Boilies. Wer auf kurze und mittlere Distanz angelt oder seine Köder mit dem Boot ausbringt, kann auch eckige Boilies einsetzen. Vorteil: Diese Köder lassen sich schnell und einfach herstellen – und ganz ohne Hilfsmittel wie Boilieroller oder Teigspritze.

Für die Herstellung eckiger Boilies wird der Teig mit Hilfe eines Nudelholzes (zur Not geht auch eine leere Wein- oder Sektflasche) ausgerollt. Dann trennt man mit einem Messer zuerst Streifen ab und schneidet aus diesen Streifen Würfel in der gewünschten Größe. Der Koch- und Trocknungsprozess ist identisch wie bei der Herstellung von runden Boilies. Mit dieser Technik lassen sich in kurzer Zeit große Mengen Boilies herstellen.

Kritiker äußern manchmal die Sorge, dass die Karpfen die eckigen Boilies nicht mögen würden oder sie nicht richtig einsaugen könnten. Diese Sorge ist vollkommen unbegründet. Ich habe viele Jahre lang mit eckigen Boilies gefischt und unzählige Karpfen in allen Gewichtsklassen damit gefangen. Mit den eckigen Boilies könnte man sogar im Vorteil sein. Wenn jeder Angler den Karpfen Kugeln anbietet, könnten gerade erfahrene Großfische bei einem runden Boilie vorsichtig sein. Eckige Kugeln haben die meisten Fische wahrscheinlich noch nicht gesehen und sind vermutlich weniger argwöhnisch. Beim Beangeln von Kanten haben die eckigen Boilies einen weiteren Pluspunkt: Aufgrund ihrer Form rollen sie in abschüssigem Terrain nicht so schnell vom Platz.

## Partikel und Pellets – echte Alternativen

Auch wenn der Boilie die unumstrittene Karpfenköder Nummer 1 ist – es gibt auch Alternativen. Beim Angeln mit modernen Methoden habe ich meinen ersten Karpfen auch nicht auf Boilies gefangen, sondern auf einen dieser Alternativ-Köder: Partikel, genauer gesagt Mais. Allerdings nicht auf Gemüsemais aus der Dose. Diese Körner sind ziemlich weich, so dass sie auch von Weißfischen problemlos gefressen werden können. Außerdem rutschen sie sehr schnell vom Haar.

Beim Karpfenangeln verwende ich gerne Hartmais, der im Landhandel erhältlich ist. Dieser Mais ist deutlich härter als die süßen Körner aus der Dose und in günstigen Großgebinden erhältlich (25 und 50 Kilograsmm). Um den Mais fürs Angeln einsetzen zu können, sollte man ihn etwa 24 Stunden lang einweichen und ihn danach kurz aufkochen. So werden die Körner etwas weicher, halten aber dennoch gut am Haken.

Häufig liest man, dass dem Mais Aromen oder Zucker/Süßstoffe hinzugefügt werden sollten. Das kann man sicherlich machen, ist meiner

Nach dem Kochen müssen die Boilies trocknen.

Eckige Boilies lassen sich schnell und ohne besondere Hilfsmittel selbst herstellen.

Meinung nach aber nicht erforderlich. Der fertig zubereitete Mais hat auch ohne Zusatzstoffe einen verführerischen Duft und Geschmack. Er lässt sich sowohl zum Anfüttern als auch als Hakenköder einsetzen.

Neben Mais verwende ich gerne Tigernüsse. Dieser Partikelköder, der eigentlich Erdmandel heißt, hat sich in den letzten Jahren als echter Renner erwiesen und ist eine ernst zu nehmende Konkurrenz für den Boilie. Tigernüsse gibt es in verschiedenen Größen. Die kleinen Nüsse sind günstiger als die größeren Sortierungen. Wer Tigernüsse verwenden möchte, sollte sie in größeren Gebinden kaufen, etwa im 25-Kilo-Sack. Das schont den Geldbeutel und man hat einen größeren Ködervorrat.

Partikel, hier Tigernüsse und Mais, sind eine echte Alternative zu Boilies. Allerdings fischt man mit den Körnern und Nüssen nicht so selektiv wie mit den Kugeln.

Wie Boilies lassen sich auch Mais und Tigernüsse aufs Haar ziehen. Partikel müssen vor dem Einsatz in Wasser eingelegt und aufgekocht werden.

Zum Anfüttern kann man die kleineren Nüsse einsetzen, als Hakenköder verwende ich mittlere Größen oder die XXL-Nüsse. So kann man etwas selektiver angeln. Es bleibt allerdings festzuhalten, dass Partikelköder generell nicht so gut geeignet sind wie Boilies, wenn man kleinere Fische aussortieren möchte.

Wie Hartmais müssen Tigernüsse auch mindestens 24 Stunden eingeweicht und dann aufgekocht werden. Am besten lässt man sie danach noch ein bisschen weiterköcheln. Dann saugen sie sich so richtig mit Wasser voll.

Kichererbsen vor (rechts) und nach der Zubereitung (links). Nach dem Einweichen und Aufkochen haben die Erbsen ihre Größe verdoppelt.

Pellets bestehen aus nahrhaften Zutaten wie Fischmehl und Öl. Da sie sich gerade in warmem Wasser sehr schnell auflösen, sollte man den Köder regelmäßig kontrollieren.

Tigernüsse sind manch-
mal sogar besser als
Boilies.

Ein weiterer Partikelköder, mit dem ich gerade zu Beginn meiner
Karpfenangler-Karriere gut gefangen habe, ist die Kichererbse. Mittler-
weile scheinen diese Partikel allerdings in Vergessenheit geraten zu sein.
Wahrscheinlich, weil die Preise für die Erbsen in den letzten Jahren ziem-
lich angezogen haben und viele Karpfenangler angesichts des geringen
Preisunterschiedes mittlerweile lieber mit Tigernüssen angeln.
Aber Kichererbsen sind nach wie vor ein sehr guter Köder fürs Karpfen-
angeln und immer einen Versuch wert.

Der Vorteil der Erbsen besteht darin, dass sie beim Einweichen sehr
viel Wasser aufnehmen. Wer möchte, kann dem Wasser Aroma-Stoffe
zugeben, die dann von den Kichererbsen sehr gut aufgenommen werden.
Nach dem Aufquellen und Aufkochen sind die Kichererbsen einsatzbereit.

Pellets sind eine weitere fängige Alternative zu Boilies. Dabei handelt
es sich um Pressfutter, das ursprünglich zur Fischmast eingesetzt wurde. Mittlerweile hat das hochwertige Futter aber auch seinen Weg in die
Regale der Angelläden und an die Haar-Montage der Karpfenangler gefunden. Weil das Pressfutter sehr nahrhaft ist (hoher Anteil an Fischmehl
und Öl), steht es bei den Karpfen auf der Beliebtheitsskala ganz oben.

Im Vergleich zu Boilies lösen sich Pellets im Wasser auf. Dadurch sind
sie besonders attraktiv. Allerdings besteht besonders im Sommer die
Gefahr, dass sich ein angeköderter Pellet nach einigen Stunden aufgelöst hat und der Angler ohne Köder weiterfischt. Deshalb muss man

Schwarze Tigernüsse fan-
gen vorsichtige Karpfen.

beim Angeln mit Pellets den Köder regelmäßig kontrollieren und gegebenenfalls erneuern. Zur Verwendung als Hakenköder bieten sich Pellets
an, die mit einem Loch versehen sind. So kann man den Köder besser
aufs Haar ziehen. Einen Pellet ohne Loch müsste man mit Hilfe eines
Gummiringes, auch Bait Band genannt, anködern, was eine ziemliche
Fummelei ist. In einen Pellet ein Loch zu stechen ist unmöglich. Beim
Durchbohren besteht die Gefahr, dass er zerbricht.

Nicht nur Karpfen mögen Pellets, sondern auch Brassen und Rotaugen. Deshalb verwende ich bei starkem Weißfischvorkommen gerne
größere Pellets ab 16 Millimeter Durchmesser. Kleinere Pellets kommen
bei mir fast nur als Futter zum Einsatz.

Lässt man Tigernüsse
nach dem Kochen meh-
rere Tage im Kochwasser
stehen, bildet sich ein
Schleim. Der Geruch
dieser Köder ist für den
Menschen schwer zu
ertragen, aber die Karpfen
fahren darauf ab.

## Schwarze Fänger

Die helle, auffällige Farbe der Tigernüsse kann sich nachteilig auswirken,
wenn die Karpfen schon schlechte Erfahrungen mit diesem Köder gemacht haben. Dann sind schwarze Tigernüsse einen Versuch wert. Nüsse
in dieser Farbe haben auch erfahrene Karpfen meist noch nicht gesehen.

Weil Kichererbsen viel
Flüssigkeit absorbieren,
kann man sie sehr gut
süßen oder mit Aromen
versehen.

# Das Vorfach

Das Haarvorfach, englisch Hair-Rig, revolutionierte das Karpfenangeln. Mit diesem Vorfach in Kombination mit Boilies oder Partikelködern konnte man auf einmal richtig große Karpfen überlisten. Das Neue an diesem Rig war, dass sich der Haken nicht mehr im Köder befand, wie etwa beim klassischen Angeln mit Teig oder Kartoffel. Beim Hair-Rig liegt der Haken frei, der Köder befindet sich an einem Stück Schnur unterhalb des Hakens, dem Haar oder englisch Hair. Der Haken liegt also frei und kann nach der Köderaufnahme sehr gut im Maul des Karpfens greifen.

Gerade im Bereich der Vorfächer und Vorfachmaterialien ist die Vielfalt mittlerweile riesig. Fast jede Saison finden neue Materialien den Weg in die Regale der Angelgeschäfte und in unzähligen Artikel und Filmen werden teilweise komplizierte Rigs vorgestellt, deren Wirkungsweise man häufig erst beim zweiten oder dritten Hinschauen versteht. An besonders schwierigen Gewässern machen ausgeklügelte Vorfächer Sinn, aber an den meisten Gewässern ist der Angeldruck (noch) nicht so groß, so dass man mit drei Vorfach-Varianten beziehungsweise Vorfachmaterialien bestens zurechtkommt: Geflecht, Kombi-Material, und dickes Monofilament.

Die Auswahl an Vorfächern fürs Karpfenangeln ist groß.

Drei Vorfachmaterialien für drei Vorfachtypen (von links): weiches Geflecht, Kombi-Material und dickes Monofilament beziehungsweise Fluorocarbon.

## Klassisch weich – das geflochtene Vorfach

Seit der Boilie-Revolution setzt man auf geflochtene Vorfachmaterialien. So konnte man ein Vorfach mit weichem Haar herstellen, das sehr flexibel war und vom Karpfen leicht eingesaugt werden konnte. Dacron war damals das Vorfachmaterial Nummer Eins. Jeder Karpfenangler hatte eine Spule dieses schwarzen Geflechts in der Tacklebox und knüpfte daraus seine Hair-Rigs.

Dacron ist heute aus der Mode gekommen, aber nicht das Prinzip eines weichen, flexiblen Vorfachs, das der Karpfen problemlos einsaugen kann. Die Mehrzahl der erhältlichen Vorfachmaterialien bestehen aus Geflecht. Geflochtene Vorfächer sind Allrounder, mit denen man in den meisten Situationen erfolgreich angeln kann. Ich benutze ebenfalls überwiegend Vorfächer aus geflochtenem Material. Aus weichem Geflecht lässt sich das Haarvorfach schnell und einfach herstellen, auch am Wasser mit kalten Fingern. Man knüpft ins untere Ende des Vorfachs eine einfache Schlaufe. Dann befestigt man den Haken mit Hilfe der

Die drei gängigsten Vorfächer: Ein Standard-Vorfach aus Geflecht (oben), ein steifes Vorfach (Mitte) und ein Kombi-Rig (unten).

Geflochtenes Vorfach gibt es in unterschiedlichen Stärken. Die 25-lb-Version reicht für die meisten Situationen aus.

No Knot-Verbindung (siehe Zeichnung). Der Boilie oder die Partikel werden mit Hilfe einer Boilienadel auf das Haar gezogen und mit Hilfe eines Boilie-Stoppers gesichert.

Im Gegensatz zu monofilen Vorfächern, etwa fürs Friedfischangeln, wird die Stärke bei geflochtenen Vorfächern fürs Karpfenangeln nicht in Millimeter, sondern in lb oder lbs angegeben (Abkürzungen für die englische Gewichtseinheit Pound). Das Spektrum variiert meist zwischen 15 und 35 lb. Relativ dünne Vorfächer von 15 lb kommen in überschaubaren Gewässern ohne Hindernisse zum Einsatz, wenn nicht mit allzu großen Karpfen zu rechnen ist. Befinden sich viele Hindernisse wie etwa Steine, Muscheln oder abgestorbene Bäume im Wasser, ist ein dünnes 15 lb-Vorfach fehl am Platz. Zu groß ist die Gefahr eines Vorfachbruchs im Drill. Dann muss ein robustes Vorfach mit einer Stärke von 30 oder 35 lb her. Allerdings sind relativ dicke Vorfächer nicht mehr so flexibel. Wer auf der sicheren Seite sein möchte und nicht mit Extrembedingungen zu kämpfen hat, sollte zu einem 25 lb starken Vorfach greifen.

Für große Fische braucht es (häufig) keine komplizierten Rigs. Dieser 44pfünder wurde mit einem einfachen Geflecht-Vorfach überlistet.

Vorfachmaterialien sind in unterschiedlichen Farben erhältlich. So kann man die letzten Zentimeter an die Farbe des Gewässerbodens anpassen.

Wirft man einen Blick auf die erhältlichen, geflochtenen Vorfächer, wird deutlich, dass viele unterschiedliche Farben erhältlich sind. Das hat seinen Grund: Man sollte die Farbe des Vorfachs an die Farbe des Gewässergrundes anpassen. Ein helles Vorfach, das auf einem dunklen Boden liegt, könnte vorsichtige Karpfen leicht Verdacht schöpfen lassen.

### Die optimale Haarlänge

Die Länge des Haars muss stimmen: Links ist das Haar etwas zu lang, rechts ist es deutlich zu kurz. In der Mitte beträgt der Abstand zwischen Hakenbogen und Boilie etwa einen Zentimeter – genau richtig.

Bei der Montage ist auch die richtige Haarlänge entscheidend.

Links: Ohne Knetblei kann das Knetblei auftreiben.

Rechts: Mit Knetblei legt sich das Vorfach auf den Gewässergrund.

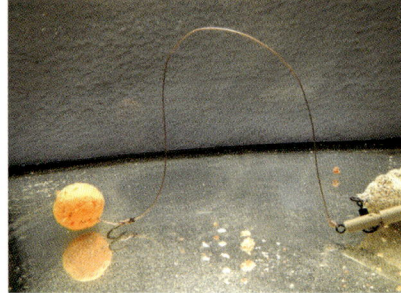

Die No Knot-Verbindung ist einfach zu knüpfen und sorgt dafür, dass der Haken gut im Maul des Karpfens greift.

Vorfächer aus weichem Geflecht können vom Fisch leicht eingesaugt werden.

# Richtig steif – das Stiff-Rig

Beim Beangeln von Gewässern, in denen die Karpfen erfahren und vorsichtig sind, wird häufig das sogenannte Stiff-Rig eingesetzt. Wie der Name dieses Rigs (engl. stiff = steif) schon vermuten lässt, wird mit diesem Rig ein ganz anderes Prinzip verfolgt als mit einem weichen Geflecht.

Gerade an stark befischten Gewässern kann aus dem Vorteil Flexibilität leicht ein Nachteil werden. Denn ein Köder, der sich am weichen Geflechtvorfach leicht einsaugen lässt, kann auch ziemlich einfach wieder ausgespuckt werden, ohne dass sich der Fisch hakt. Und Karpfen, die schon schlechte Erfahrungen mit Boilies gemacht haben, sind bei der Köderaufnahme vorsichtig. Befindet sich der Köder im Maul, heißt das noch lange nicht, dass der Fisch auch am Haken hängt. Erfahrene Karpfen bringen es zustande, die am weichen Vorfach angeköderte Kugel wieder auszublasen, wenn sie Verdacht schöpfen.

Bei diesem Problem setzt das Stiff-Rig an: Es besteht aus dickem Monofilament (Durchmesser ab 0,40 Millimeter) und ist etwas schwieriger einzusaugen. Hat der Karpfen es aber einmal im Maul, wird er es aufgrund der Steifigkeit nicht mehr so leicht los. Darüber hinaus nimmt ein an dickem Monofilament montierter Haken eine deutlich aggressivere Stellung ein und greift schnell und sicher im Karpfenmaul.

Steife Vorfächer lassen sich aus dicker monofiler Hauptschnur herstellen, seit ein paar Jahren wird allerdings bevorzugt Fluorocarbon eingesetzt. Dieses Material hat den Vorteil, dass es nahezu den gleichen Lichtbrechungsfaktor wie Wasser aufweist und daher für die Karpfen kaum zu erkennen ist – genau richtig für schwierige Gewässer. Stiff-Rigs kann man in Verbindung mit sinkenden Boilies verwenden, meist werden aber Pop-Ups (schwimmende Boilies) am steifen Vorfach präsentiert.

Bei Vorfächern aus steifem Monofilament wird meist kein klassisches Haar gebunden, sondern man verwendet die sogenannte D-Rig-Variante. Dabei wird der Köder mit Hilfe eines Gummis (Bait Band) an einem kleinen Metallring befestigt. Dieser Ring läuft in einer Schlaufe, die aus dem dicken Vorfachmaterial hergestellt wurde (siehe Fotoserie). Diese Schlaufe ähnelt einem D – daher der Name. Hat der Karpfen den Boilie eingesaugt und will ihn wieder ausspucken, rutscht der Köder nach unten, der Haken liegt frei und kann besser im Maul des Fisches greifen.

Wenn Sie an einem Gewässer fischen, an dem häufig auf Karpfen geangelt wird und die Fänge nachlassen, sollten Sie vom flexiblen Vorfach auf die steife Variante wechseln. Oft kann man den vorsichtigen Rüsslern so ein Schnippchen schlagen.

## So knüpft man das steife Vorfach

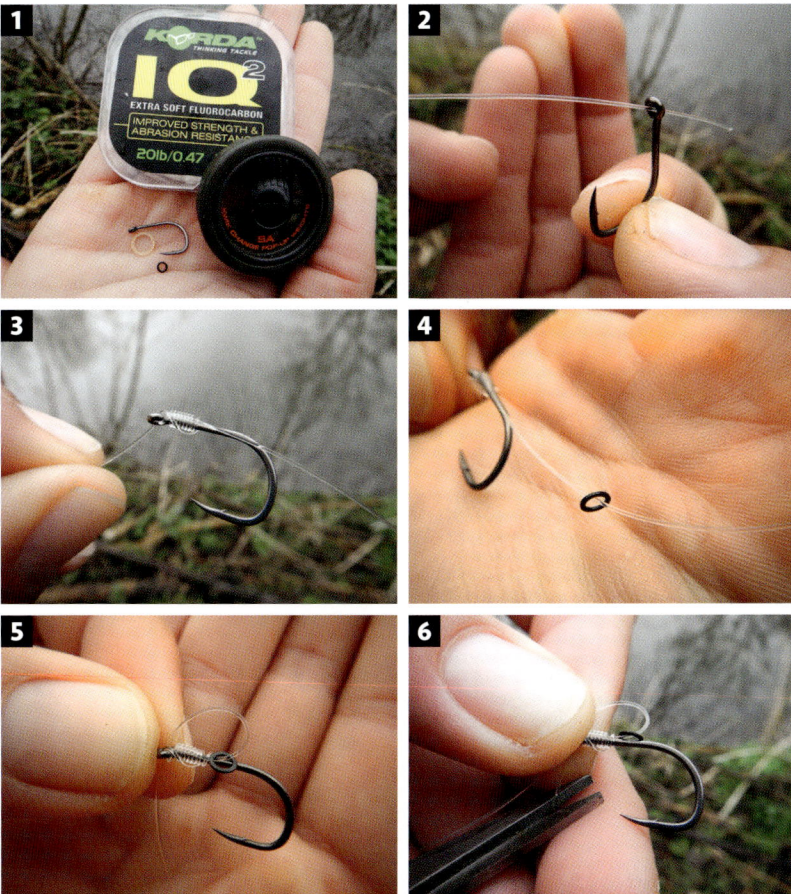

1  Für den Bau des steifen Vorfachs für den Einsatz mit einem Pop-Up benötigt man dickes Fluorocarbon, einen Haken, einen Rig-Ring, ein Bait Band und Kwick Change Pop Up Weights.

2  Das Vorfachende wird von vorne nach hinten durchs Hakenöhr geführt.

3  Eine No Knot-Verbindung fixiert den Haken am Vorfach.

4  Nun fädelt man den Rig-Ring auf das überstehende Ende und führt es von hinten nach vorne durchs Hakenöhr.

5  Es entsteht eine D-förmige Schlaufe, in der sich der Rig-Ring frei bewegt.

6  Das durchs Hakenöhr geführte Schnurende wird ein Stück vor dem Öhr abgetrennt.

7   Mit dem Feuerzeug wird das Ende verdickt, so dass es nicht durchs Hakenöhr rutschen kann.

8   Das steife Vorfach ist fertig.

9   Um den Boilie am Rig-Ring befestigen zu können, schiebt man das Bait Band durch den Ring und schlauft es dann ein.

10  Den Pop-Up mit der Boilienadel aufziehen und mit einem Stopper sichern.

11  Mit Hilfe des Kwik Change Pop Up Weights wird die Auftriebshöhe des Pop-Ups festgelegt – fertig.

12  Flexibilitätsvergleich: das Geflecht ist deutlich weicher als dickes Monofilament.

## Intelligent kombiniert – das Kombi-Rig

Die dritte Variante ist eine Mischung aus weichem und steifem Vorfach. Sie wird meist als Kombi-Vorfach beziehungsweise Kombi-Rig oder Kombi-Link bezeichnet. Hierbei versucht man, die Vorteile des weichen Geflechts mit denen des steifen Monofilaments zu vereinen. Die letzten Zentimeter eines Kombi-Vorfachs vor dem Haken bestehen aus weichem Material, das dem Karpfen die Köderaufnahme erleichtern soll.

Der Hauptteil der Kombi-Vorfächer besteht aus steifem Material, das es dem Karpfen erschwert, den Köder nach dem Einsaugen wieder auszuspucken. Als diese Vorfächer in Mode kamen, knüpfte man ein kurzes Stück Geflecht an dickes Mono-Material. Das funktionierte auch, allerdings sind Knoten immer eine Schwachstelle – besonders wenn sie sich so nah am Fisch befinden. Das Risiko, dass ein Fisch im Drill verloren geht, weil der Knoten nicht bombensicher gebunden wurde und unsauber sitzt, ist erheblich.

Die Hersteller haben reagiert und bieten spezielle Kombi-Materialien an. Auf den ersten Blick sind sie ziemlich unflexibel – wie ein Stiff-Rig.

Aber das Besondere an diesen Materialien ist, dass sie einen weichen Kern haben. Entfernt man auf den letzten zehn Zentimetern mit Hilfe der Fingernägel vorsichtig die Ummantelung und befestigt etwa mit Hilfe der No Knot-Verbindung einen Haken, hat man ein eigentlich steifes Vorfach, das allerdings auf den letzten Zentimetern flexibel ist. So ist der Köder schnell im Maul – und dann ist die Chance ziemlich groß, dass der Bissanzeiger kreischt und man mit krummer Rute am Ufer steht.

## So entsteht das Kombi-Vorfach

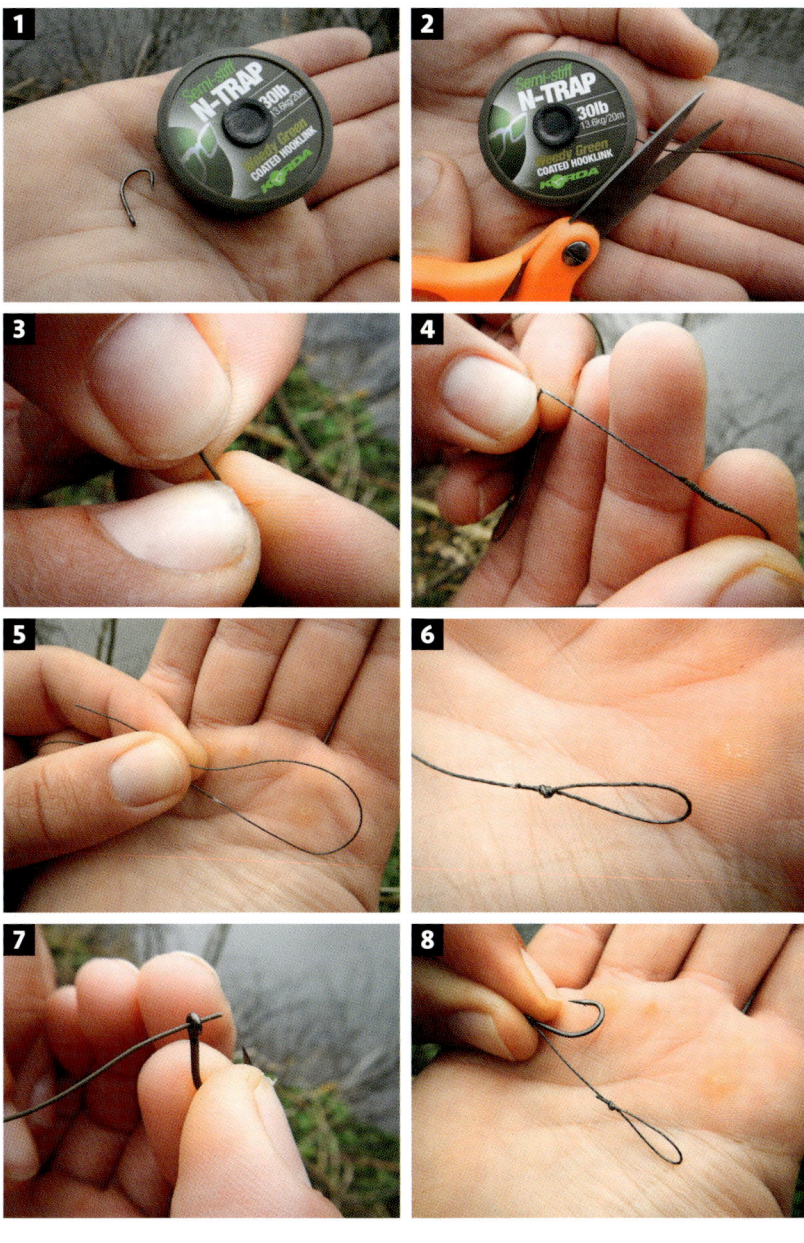

1 Für die Herstellung eines Kombivorfachs eignet sich ummanteltes Hooklink.

2 Zunächst trennt man ein etwa 30 Zentimeter langes Stück des Vorfachmaterials ab.

3 Mit Hilfe der Fingernägel löst man etwa 10 Zentimeter oberhalb des Hakens die Ummantelung ab.

4 Der darunter liegende weiche Kern kommt zum Vorschein.

5 Das Ende des Vorfachs ist vom Coating befreit.

6 Ins weiche Vorfachende bindet man eine Schlaufe.

7-9 Nun führt man das andere Ende von hinten nach vorne durchs Hakenöhr, legt die Haarlänge fest und befestigt den Haken mit Hilfe der No Knot-Verbindung.

10 Den Boilie aufziehen, mit einem Boiliestopper sichern und fertig ist das Kombi-Vorfach.

## 5 Vorfach-Tipps

1. Geflochtene Vorfächer sind echte Allrounder.
2. Geflochtene Vorfächer in einer Stärke von 25 lb reichen in den meisten Situationen aus.
3. Farblich an den Gewässergrund angepasste Vorfächer sind sehr unauffällig.
4. An schwierigen Gewässer steife Vorfächer aus dickem Fluorocarbon ausprobieren.
5. Für die Herstellung von Kombi-Vorfächern auf spezielle Kombi-Materialien zurückgreifen.

Beim Chod-Rig befindet sich das Vorfach oberhalb des Bleies. Diese Montage eignet sich für den Einsatz bei weichem Gewässergrund.

# Gute Greifer – der richtige Haken

Neben dem Vorfachmaterial ist der Haken ein weiteres Herzstück des Rigs. »Was kann man bei der Hakenwahl schon falsch machen?«, wird sich mancher Angler vielleicht fragen. Schließlich müsse der Greifer nur ein Öhr haben, um das Rig knüpfen zu können und scharf sein.

Aber spätestens, wenn die Schnur mitten im Drill erschlafft und man eine Montage ohne Fisch einkurbelt, beginnt das Grübeln. Lag es vielleicht doch am Haken? Auch wenn die Schärfe des Hakens ein wichtiger Aspekt ist: Der Greifer besitzt noch mehr Eigenschaften. Das wird deutlich, wenn man sich einmal das Angebot an Haken fürs Karpfenangeln anschaut: Es gibt Greifer in unterschiedlichen Größen, mit langem oder kurzem Schenkel, schmalem oder breitem Bogen, geradem oder gebogenem Öhr, beschichtet oder unbeschichtet. Diese Liste ließe sich noch weiter fortsetzen.

Viele Angler kaufen einen Haken, weil er in ihren Augen gut aussieht oder gerade im Sonderangebot ist. Aber die Hakenwahl nach diesen Kriterien zu treffen, ist sicher nicht optimal. Denn die verschiedenen Hakenmodelle und Hakengrößen haben auch unterschiedliche Eigenschaften beziehungsweise ihre jeweiligen Vor- und Nachteile.

Saubere Arbeit. Der Haken sitzt in der Unterlippe und brachte den Karpfen sicher ans Ufer.

## Angepasste Größe

Kommen wir zunächst zur Hakengröße: Vor einigen Jahren verwendete ich lediglich drei Hakengrößen: 2, 4 und 6. Die Greifer in den Größen 2 und 4 setzte ich bei einem 20-Millimeter-Boilie oder einem Doppelköder,

Im Drill wirken große Kräfte auf den Haken.

bestehend aus zwei Boilies, ein. Ein 6er Haken fand lediglich beim Angeln mit kleineren Boilies (16 Millimeter Durchmesser) Verwendung.

Mein Hakenspektrum hat sich mittlerweile etwas verschoben: Ich verwende nun meistens Greifer in Größe 4 bis 8. Greifer in Größe 4 verwende ich beim Angeln mit einem oder zwei 20er Boilies sowie bei 18 Millimeter-Kugeln. Der 6er oder 8er Haken kommt bei 16er oder 14er Kugeln zum Einsatz. In England wird teilweise sogar mit 10er oder 12er Haken auf Karpfen geangelt. Bei diesen kleinen Greifern bin ich allerdings skeptisch.

Ein kleinerer Haken hat den Vorteil, dass er deutlich leichter ist als ein großer Greifer. So ist das Risiko nicht so groß, dass ein erfahrener Kapitaler Verdacht schöpft. Wenn der Karpfen beim Einsaugen des Hakenköders misstrauisch wird, kann es sein, dass der große Haken nicht richtig im Maul greift und dann passiert das, was sich kein Karpfenangler wünscht: der Haken schlitzt im Drill aus.

Man sollte sich beim Hakenkauf allerdings nicht sklavisch nach den Angaben der Hakengröße richten. Je nach Hersteller kann die Größe eines 4er Hakens deutlich variieren. Man sollte die Greifer vor dem Erwerb also genauer in Augenschein nehmen.

Bei einem oder zwei 20-Millimeter-Boilies eignet sich ein 4er Haken (links), bei kleineren Ködern werden Greifer in Größe 6, 8 oder sogar 10 verwendet (rechts).

## Nicht nur zur Befestigung – das Öhr

Der nächste Aspekt, auf den ich genauer eingehen möchte, ist das Hakenöhr. Häufig wird das Öhr darauf reduziert, dass es lediglich zur Befestigung des Vorfachs dienen würde. Sicher ist das auch nicht unwichtig. Und dafür sollte man den ersten genauen Blick aufs Hakenöhr werfen.

Denn bei einigen Haken ist das Öhr nicht komplett geschlossen. Dann befindet sich eine kleine Lücke zwischen Schenkel und Öhr. So einen Haken würde ich auf keinen Fall verwenden, denn an dieser Lücke könnte sich eine scharfe Kante befinden, die Haar und Vorfach beschädigt. Im Extremfall könnte im Drill, wenn starke Kräfte auf das Vorfach wirken, das Material durchscheuern. Wer auf Nummer sicher gehen will, greift zu einem Haken mit komplett geschlossenem Öhr.

Der zweite Blick gilt der Stellung des Hakenöhrs. Es gibt drei Varianten: nach innen gebogen, nach außen gebogen und gerade. Ein Haken mit nach innen gebogenem Öhr fördert die aggressive Stellung des Greifers beim Biss. Der Fisch wird schnell und zuverlässig gehakt. Ein Haken mit extrem nach innen gebogenem Öhr hat allerdings den Nachteil, dass der Greifer im Drill »arbeitet«. Dadurch kann eine große Wunde im Fischmaul erzeugt werden und der Haken könnte darüber hinaus ausschlitzen.

Bei nach einem außen gebogenen Öhr scheiden sich die Geister: Häufig wird angeführt, dass die Kraftübertragung auf die Hakenspitze nicht optimal sei und der Zug auf die Hakenspitze im Drill nachteilig wirken würde. Auf der anderen Seite sind Haken mit nach außen gebogenem Öhr wie der Choddy von Korda bei der Verwendung des modernen Chod-Rigs äußerst beliebt und erfolgreich.

Wichtig zu erwähnen ist, dass das Chod-Rig mit kurzen Vorfächern und Pop-Ups gefischt wird. Das nach außen zeigende Öhr scheint bei der Präsentation eines schwimmenden Köders sehr gut zu wirken. Wer also häufig mit schwimmenden Boilies fischt, sollte sein Glück einmal mit Haken versuchen, die mit einem nach außen zeigenden Hakenöhr ausgerüstet sind.

Eine gute Allroundlösung ist das gerade Öhr. Die Kraft wird gut auf den Haken übertragen und im Drill arbeitet der Greifer nicht allzu stark, so dass das Risiko des Ausschlitzens recht klein ist.

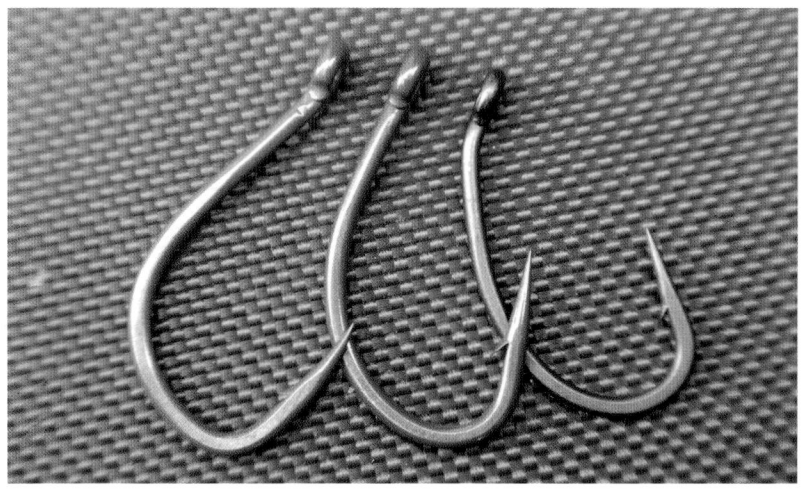

Man unterscheidet drei Öhrtypen (von links): nach außen gebogen, gerade und nach innen gebogen.

## Kurz oder lang – der Schenkel

Unterhalb des Hakenöhrs befindet sich der Schenkel. Es gibt Modelle mit langem oder kurzem Schenkel. Bei einem langschenkligen Haken ist meiner Meinung nach ein deutlich besserer Hakeffekt zu erzielen als mit einem kurzschenkligen Haken. Die langschenkligen Greifer gibt es in zwei Varianten: mit geradem oder gebogenem Schenkel. Bei einem leicht gebogenem Schenkel wirkt die Kraft besser auf die Hakenspitze, was beim Biss und auch im Drill Vorteile bietet. Gegenüber einem kurzschenkligen Haken hat der langschenklige Greifer den Nachteil, dass er deutlich voluminöser und damit höchstwahrscheinlich auch schwerer ist. Also Vorsicht mit langschenkligen Haken an stark befischten Gewässern mit vorsichtigen Karpfen.

Zwei langschenklige Haken: Beim oberen Modell ist der Schenkel (ebenso wie das Öhr) leicht gebogen, so dass der Zug direkt auf die Hakenspitze wirkt.

## Bogen und Spitze

Der Hakenbogen kann weit oder schmal ausfallen. Verwendet man einen Haken mit weitem Bogen, wird viel Fleisch gegriffen, wenn der Karpfen den Köder eingesaugt und sich selbst gehakt hat. Beim für Karpfen typischen dicken, wulstigen Maul, ist das ein Vorteil. Der Nachteil ist, dass aufgrund des weiten Hakenbogens Kraft verloren geht. Ich achte beim Hakenbogen auf einen gesunden Mittelweg zwischen weitem und schmalem Bogen.

Bei der Hakenspitze gibt es die schon beim Öhr beschriebenen Varianten. Die nach außen zeigende Spitze ist komplett aus der Mode gekommen, in den Angelgeschäften findet man meist Haken mit geraden oder nach innen gebogenen Spitzen. Leicht gebogene Hakenspitzen sind aggressiver und können etwas besser im Karpfenmaul greifen als gerade Spitzen. Meine Erfahrungen haben allerdings keine großen Unterschiede zwischen geraden und leicht gebogenen Hakenspitzen gezeigt.

Eine extreme Variante der nach innen gebogenen Hakenspitze ist der sogenannte Circle Hook. Dieser Haken wird meist von Meeresanglern eingesetzt. Es wird angeführt, dass bei diesem Haken kein Anhieb erforderlich sei, weil er sozusagen von selbst im Fischmaul greift. Dieser Hakentyp wäre also eigentlich auch ideal fürs Karpfenangeln, wo vorwiegend Selbsthakmontagen eingesetzt werden. Vielleicht sollte man diesen Haken- beziehungsweise Spitzentyp auch einmal intensiv beim Karpfenangeln einsetzen.

Achten Sie bei der Hakenwahl also nicht nur auf die Schärfe des Greifers, sondern auch die anderen wichtigen Eigenschaften des Hakens. Zusammen bilden sie eine Einheit für den Fangerfolg.

## Effektive Beschichtung

Seit einiger Zeit werden auch Haken mit Beschichtung (Coating) angeboten. Das Coating hat zwei Effekte: Zum einen fördert die durch die Beschichtung erzeugte glatte Oberfläche das Eindringen ins Fischmaul. Zum anderen verhindert das Coating die Reflektion von Sonnenlicht, die bei ausgebufften Karpfen Misstrauen erwecken könnte. An besonders schwierigen Gewässern sind die beschichteten Greifer einen Versuch wert.

Der Haken mit weitem Bogen (links) greift mehr Fleisch, allerdings ist die Kraftübertragung nicht optimal.

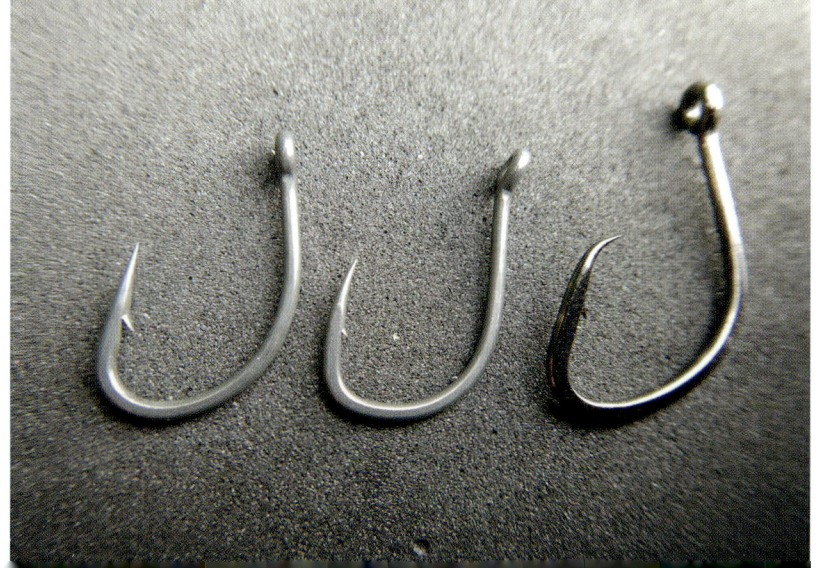

Links ein Haken mit gerader Spitze, in der Mitte ein Modell mit leicht nach innen gebogener Spitze. Rechts der Circle Hook, ein Greifer mit extrem nach innen gebogener Hakenspitze.

## Schonender Greifer

Um einen Fisch so wenig wie möglich zu verletzen, bieten sich Schonhaken an, auch Barbless Hooks genannt. An diesen Greifern befindet sich kein Widerhaken, die dadurch nur minimale Verletzungen verursachen und sich nach dem Drill einfach lösen lassen. An einigen Gewässern im Ausland sind Schonhaken mittlerweile Pflicht. Aufgrund des fehlenden Widerhakens ist es wichtig, im Drill permanent Zug auf den Haken auszuüben. Sonst könnte es passieren, dass der Greifer sich aus dem Karpfenmaul löst.

An Gewässern mit erfahrenen Karpfen können beschichtete Haken (links) zum Fangerfolg beitragen.

Barbless Hooks schonen das Karpfenmaul.

# Fängiges Gegengewicht – die Bleimontage

Beim Karpfenangeln mit Haarvorfach und Boilies oder Partikeln wird ausschließlich eine Festbleimontage verwendet. Warum ein fixiertes Blei und keine Laufblei-Montage? Anhänger des Laufbleies argumentieren häufig, dass der Fisch nach dem Biss Schnur abziehen könne, ohne Widerstand zu spüren. Das mag richtig sein, aber der Karpfenangler möchte das Gegenteil erreichen: Das Blei soll einen Widerstand bieten, damit sich der Karpfen selbst hakt. Und das erreicht man nicht mit einem auf der Schnur gleitenden Gewicht, sondern mit einem fest angebrachten Blei. Nach der Köderaufnahme schwimmt der Karpfen weiter. Das relativ kurze Vorfach strafft sich, der Fisch spürt den Widerstand des Bleies, gerät in Panik und flüchtet. Das fixierte Blei sorgt dafür, dass der Haken im Fischmaul greift – ohne dass der Angler einen Anhieb setzen muss.

## Aufs Gewicht kommt's an

Damit der Haken fassen kann, ist ein bestimmtes Gewicht erforderlich. Das zeigt ein Selbstversuch: Bestückt man eine Selbsthakmontage mit einem 20 oder 30 Gramm schweren Blei, hält den Finger an die Hakenspitze und bewegt die Montage im Wasser, wird man feststellen, dass das Gewicht des Bleies keinen großen Widerstand bietet. Entsprechend gering fällt der gewünschte Selbsthakeffekt aus. Gerade Karpfenangel-Einsteiger neigen dazu, ein zu leichtes Gewicht zu verwenden, weil sie von der klassischen Angelei mit Laufblei gewöhnt sind, auf eher leichte Bleigewichte zu setzen.

Anders verhält es sich bei einem 100 oder gar 150 Gramm schweren Blei. Dieses Gewicht bietet mehr Widerstand und sorgt dafür, dass der Karpfen nach der Köderaufnahme erschrocken flüchtet und der Haken sauber im Fischmaul greift. Meist sitzen die Haken beim Fischen mit der Selbsthakmontage in der Unterlippe oder in der vorderen Maulpartie. Der Vorteil besteht darin, dass sich der Greifer so schnell und einfach lösen lässt.

Ich habe die Erfahrung gemacht, dass Bleigewichte unter 60 Gramm keinen ausreichenden Selbsthak-Effekt bewirken. Mein standardmäßig verwendetes Bleigewicht an kleinen und mittelgroßen Gewässern liegt bei 80 bis 100 Gramm. Beim Distanzangeln an größeren Gewässern gehe ich mit den Gewichten sogar noch höher und montiere Bleie bis 200 Gramm. Denn der Angler befindet sich in großer Entfernung zum

Beim Inline-Blei wird der Wirbel zum Vorfach im Gewicht fixiert.

Verwendet man kein Anti Tangle Tube, ist die Gefahr von Verhedderungen groß.

Fisch und es kann einige Zeit dauern, bis man überhaupt mitbekommt, dass ein Fisch am Haken hängt und man Zug aufbauen kann. Mit dem hohen Bleigewicht möchte ich sichergehen, dass der Fisch auch auf große Distanz sicher gehakt wird. Diese Montagen kann man nicht auswerfen, sondern muss sie mit dem Boot ausfahren.

## Inline oder Clip?

In den letzten Jahren haben sich zwei Formen der Bleimontage durchgesetzt. Zum einen das Inline-Blei und zum anderen die Safety-Montage mit einem speziellen Bleiclip. Beim Inline-Blei handelt es sich, wie der Name schon vermuten lässt, um ein Gewicht, bei dem die Schnur durch das Blei läuft. Oberhalb des Bleies befindet sich ein Stück Silikonschlauch (Anti Tangle Tube), das Verhedderungen beim Auswerfen minimiert. Im Inline-Blei befindet sich ein Einsatz, in den man den Wirbel hineinzieht, der Hauptschnur und Vorfach verbindet. Auf diese Weise ist das Blei fixiert.

Das Inline-Blei hat gute aerodynamische Eigenschaften und bietet einen guten Hakeffekt, weil sich das Gewicht sozusagen auf der Schnur befindet und beim Biss sofort Zug auf den Haken ausübt. Der Nachteil der Inline-Montage besteht darin, dass ein gehakter Karpfen bei Schnurbruch die komplette Montage mit sich herumschleppt. Im schlimmsten Fall kann der Fisch daran verenden.

Bei diesem Problem setzt die Safety-Montage an. Bei diesem Bleisystem wird ein Wirbelblei in einen Safety Clip geschoben. Dann schiebt man ein Stück Silikonschlauch auf den Clip und sichert das Blei. Auch der Wirbel zum Vorfach wird im Clip fixiert. Sollte sich das Blei während des Drills in einem Hindernis festsetzen, rutscht der Silikonschlauch nach hinten, der Clip öffnet sich und das Blei löst sich aus dem Clip. Dieses System hat den Anglern schon viele Fische in den Kescher gebracht, die sich in einem Hindernis festgeschwommen hatten und außerdem unzähligen Karpfen das Leben gerettet.

Ich habe mit der Safety-Montage sehr gute Erfahrungen gemacht und verwende sie mittlerweile fast ausschließlich. Leider hat dieses Bleisystem auch einen Nachteil: Durch den Wirbel, der als Gelenk wirkt, kann sich der Karpfen nach dem Biss ein wenig seitlich bewegen, ohne dass das Gewicht auf den Haken wirkt. Besonders erfahrene Fische, die schon mehrfach am Haken gegangen haben, flüchten nach der Köderaufnahme nicht, sondern verharren an Ort und Stelle und versuchen etwa durch Schütteln des Kopfes, den Köder samt Haken wieder loszuwerden. Wirkt das Gewicht des Bleies nicht auf den Haken, gibt es die Chance, dass der Karpfen mit dieser Taktik erfolgreich ist. Allerdings besteht diese Gefahr lediglich an schwierigen Gewässern, die unter einem starken Angeldruck stehen. An den meisten Seen oder Flüssen ist man mit dem Safety-Clip bestens gerüstet.

Die zwei gängigsten Blei-systeme fürs Karpfenan-geln: Oben das Inline-Blei, bei dem die Schnur direkt durch das Blei läuft, unten die Safety-Montage. Hier befindet sich das Wibelblei in einem speziellen Clip.

Sicher gelandet mit der Safety-Montage.

## Reine Formsache – die Wahl des Bleies

Wer sich einmal das Angebot an Bleien im Angelladen anschaut, wird feststellen, dass es viele unterschiedliche Formen gibt. Das gilt beson-ders für die Wirbelbleie, die bei der weit verbreiteten Angelei mit dem Safety-Clip zum Einsatz kommen.

Viele Angler schauen beim Kauf ihrer Gewichte für die Festbleimon-tage auf den Preis oder fällen ihre Entscheidung danach, welche Form ihnen optisch am meisten zusagt. So wichtig kann die Form des Bleies ja nicht sein, oder? Doch, sie kann wichtig sein. In bestimmten Situatio-nen sogar so wichtig, dass sie über einen erfolgreichen oder fischlosen Ansitz entscheidet. Glauben Sie nicht? Dann lassen Sie mich von einer Session berichten, in der ich genau diese Erfahrung gemacht habe.

Bei einem Ansitz vor ein paar Jahren befischte ich eine Uferseite, an

Kneift man die »Nase« am Clip ab, kann sich das Blei leicht lösen.

Das Inline Drop Off-Blei von Fox (links) ist eine Weiterentwicklung des klassischen Inline-Bleies. Bei dieser Montage kann sich das Blei im Ernstfall lösen (rechts).

welcher der Gewässergrund steil abfiel. Ich hatte meine beiden Montagen mit flachen Bleien bestückt und sie am oberen Bereich der Kante platziert. Aus Erfahrung wusste ich, dass die Karpfen bei ihrer Futtersuche dort entlang ziehen. Nach dem ersten Biss, der mir einen schönen Spiegler von Mitte 20 Pfund lieferte, hatte sich das Blei aus dem Clip gelöst. Ein neues Blei musste her. Ich kramte in meiner Tacklebox, fand aber nur noch Kugelbleie. Wird schon gehen, dachte ich mir, hing das Gewicht ein, stieg ins Boot und ruderte zum Platz. Dort angekommen, ließ ich die Montage genau dort ab, wo ich den ersten Fisch gefangen hatte.

Aber was war das? Ich konnte deutlich spüren, wie das Blei den Abhang hinunterkullerte und erst am Fuß der Kante zum Liegen kam. »Hier soll der Köder aber nicht liegen ..«, dachte ich mir. Also kurbelte ich die Montage nach oben und startete einen neuen Versuch. Aber wiederum rollte die Kugel herunter und riss den Köder mit in die Tiefe. Weil ich keine anderen Bleie dabei hatte, ließ ich die Montage nun am Fuß der Kante liegen und streute ein paar Hände Futter darüber. Ob ich noch etwas fangen würde, fragte ich mich beim Rückweg zu meinem Camp.

Um es kurz zu machen: Ich fing in der folgenden Nacht noch drei Karpfen – aber alle Fische bissen auf die Montage mit dem flachen Blei. Die Kugelblei-Montage brachte mir keinen einzigen Karpfen. Wie hätte das Resultat wohl ausgesehen, wenn ich auch an der zweiten Montage ein Blei gehabt hätte, das nicht die Kante hinuntergerollt, sondern am gewünschten Platz, wo die Karpfen fraßen, liegengeblieben wäre?

Dieses Erlebnis hat mir gezeigt, wie wichtig die Form des Bleies ist. Die Frage, die sich nun stellt, lautet: Welches Blei eignet sich für welche Situation. Auch wenn es mittlerweile sehr viele Bleiformen gibt, die für Verwirrung sorgen können, kann man die Gewichte in bestimmte Kategorien einteilen:

Es gibt viele unterschiedliche Bleiformen. Da fällt die Auswahl oft nicht leicht.

## Kugelbleie

Kugeln sind die klassische Bleiform. Durch ihre runde Form wirkt beim Biss sofort das gesamte Gewicht auf den Haken und er kann gut im Fischmaul greifen. Kugelbleie besitzen recht gute Flugeigenschaften und sind relativ günstig. Sie eignen sich allerdings nicht für die Angelei an Kanten, weil sie zum Rollen neigen und daher die Montage leicht versetzt werden kann.

## Abgeflachtes Birnblei

Normale Birnenbleie werden beim modernen Karpfenangeln kaum noch eingesetzt. Stattdessen kommen häufig abgeflachte Birnenbleie, auch Flat Pears genannt, zum Einsatz. Dank ihrer abgeflachten Form legen sich diese sehr gut auf den Boden und können nicht so leicht versetzt werden. Sollte das Gewicht in weiches Sediment einsinken, bietet es beim Biss einen noch größeren Widerstand und begünstigt das Greifen des Hakens.

## Tri Bomb-Blei

Das Tri Bomb-Blei (von Fox) ist sehr beliebt und kombiniert gute Flug-Eigenschaften mit Stabilität und besten Hak-Eigenschaften. Es ist zusammen mit dem abgeflachten Birnenblei ein Allround-Gewicht, mit dem man in vielen Situationen gut zurechtkommt.

## Torpedo- und Zip-Blei

Gerade an stark befischten Gewässern muss man die Montage weit hinaus befördern, um die vorsichtigen Karpfen erreichen zu können. In solchen Situationen greift man am besten zu Torpedo- oder den sogenannten Zip-Bleien. Diese Gewichte sind sehr aerodynamisch und fliegen wie eine Rakete durch die Luft. Weil sich der Hauptanteil des Gewichts in der Mitte befindet, unterstützen sie das Greifen des Hakens nicht so gut wie etwa ein Kugelblei. Trotzdem sind Torpedo- und Zip-Bleie ein guter Kompromiss fürs Distanzangeln.

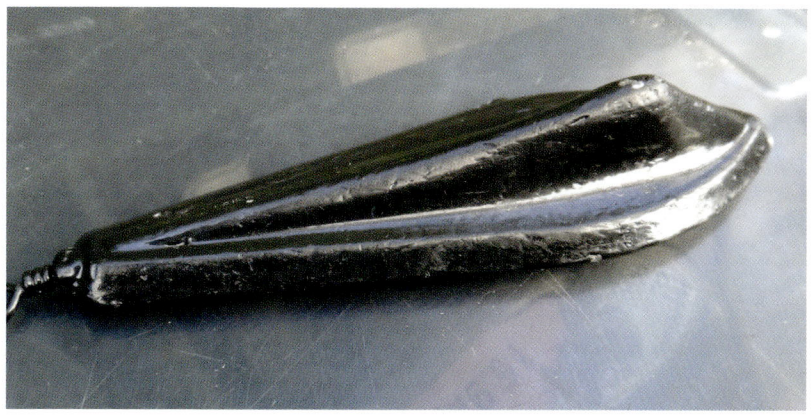

## Riser-Blei

Beim Angeln in großen Flüssen hat man oft mit großen Steinen am Boden und der Packlage an Buhnen zu kämpfen. Dann benötigt man ein Blei, das sich beim Einkurbeln schnell vom Gewässergrund löst. So wird die Gefahr eines Hängers verringert. Riser-Bleie besitzen Flügel an den Seiten und heben daher leicht vom Boden ab. So muss man nicht befürchten, bei jeder Köderkontrolle neu montieren zu müssen.

## Profil-Blei

Profil-Bleie sind streng genommen keine eigene Bleiform. Es gibt unterschiedliche Formen, welche die für Profil-Bleie charakteristischen Noppen aufweisen. Diese bieten gleich mehrere Vorteile: Zum einen verleihen sie dem Blei Halt und sorgen dafür, dass es nicht so leicht wegrutscht. Zum anderen eignen sie sich sehr gut, um sie mit Teig zu ummanteln. Dank des Profils hält die Paste besser und fällt auch bei einem kraftvolleren Wurf nicht ab.

# Attraktives Angebot –
# besondere Präsentationen

Häufig genügt es, einen oder zwei Boilies oder ein paar Partikel aufs Haar zu ziehen. Aber manchmal bringen ausgefallenere Köderpräsentationen noch bessere Ergebnisse. Wer nämlich ein bisschen vom Althergebrachten abweicht, kann Teigkugel oder Körner entweder auffällig oder selektiver präsentieren oder sie so tunen, dass sie vom Karpfen leichter eingesaugt werden können.

## Der Schwimmer

Schwimmende Boilies, Pop-Ups genannt, gehören zu den beliebtesten Köderpräsentationen. Sie werden so angeboten, dass sie knapp über dem Grund schweben und so vom Fisch sehr gut wahrgenommen werden. Die Auftriebshöhe des Pop-Ups wird durch ein Bleischrot auf dem Vorfach festgelegt. Wie hoch der Pop-Up über dem Gewässergrund schweben sollte, ist Geschmacksache. Man sollte unterschiedliche Varianten ausprobieren. Ich stelle die Montage meist so ein, dass die Kugel maximal fünf Zentimeter auftreibt.

Unterschiedliche Aromen – da muss man sich entweder an bekannten Vorlieben der Karpfen orientieren oder experimentierfreudig sein.

Aufgrund seiner Schwimmeigenschaften ist der Pop-Up ein attraktiver Köder.

## Aufgepeppt – Dips und Powder

Ein Hakenköder, der sich vom Futter abhebt, wird schneller eingesaugt. Deshalb gibt es Dips, Liquids und Powder, mit denen man den Köder aufpeppen kann. In ein Liquid oder in einen Dip wird der Boilie für mehrere Stunden eingelegt. Dabei saugt er sich mit Flüssigkeit voll, die nach dem Auswerfen kontinuierlich ans Wasser abgegeben wird. So ist der Köder besonders attraktiv. So genannte Bait Powder bilden nach Kontakt mit Wasser eine zähe, gelartige Schicht um den Köder. Der Boilie gibt mehrere Stunden lang kleine Geruchs- und Geschmackspartikel ans Wasser ab. Dips und Puder sind für mich ein zweischneidiges Schwert: Man bekommt damit häufig schneller einen Biss, aber nicht selten vergreift sich ein neugieriger, doch eher kleiner Karpfen am Köder.

Powder bilden eine gelartige Schicht um den Boilie.

## Grelle Farbe und duftender Mantel

Karpfen sind neugierige Fische und lassen sich von optischen Reizen zur Köderaufnahme animieren. Deshalb sind fluoreszierende Pop-Ups eine gute Variante, um die Fische auf den Köder aufmerksam zu machen. Diese schwimmenden Köder sind in unterschiedlichen Farben erhältlich, von Weiß, über Grün bis hin zu Pink. Im Wasser treiben die Köder nicht nur auf, sondern locken auch durch ihre auffällige Färbung.

Ein fluoreszierender Pop-Up fällt auf und bringt die Karpfen an den Haken.

Ich habe allerdings die Erfahrung gemacht, dass fluoreszierende Pop-Ups nur dann fängig sind, wenn nicht zu viele andere Angler am Gewässer damit fischen. Sind die Karpfen schon mehrfach auf diese Köder hereingefallen, scheinen sie Verdacht zu schöpfen und nehmen die ins Auge stechenden Schwimmer nicht mehr so gerne.

Eine meiner Lieblingsmethoden, um den Hakenköder noch attraktiver zu präsentieren, besteht darin, ihn mit einer Teigschicht zu ummanteln.

Ein Teigmantel erhöht die Lockwirkung des Köders ungemein.

Diesen Teig stelle ich mir meist aus Boiliemix mit Wasser oder Eimasse her. Verwendet man Wasser löst sich der Teig relativ schnell auf. Bei Eimasse hingegen haftet die Paste etwas länger am Köder. Mittlerweile gibt es auch Fertig-Pasten zur Ummantelung des Hakenköders.

Durch die Teigschicht duftet der Köder attraktiver und erzeugt im Wasser mehr Aufmerksamkeit. Zudem hat ein ummantelter Köder den Vorteil, dass er etwas voluminöser ist und von kleineren Karpfen oder Brassen nicht so einfach eingesaugt werden kann – zumindest solange, bis sich der Teig aufgelöst hat.

## Ausbalancierte Köder

Gut erinnere ich mich noch an einen morgendlichen Ansitz, an dem ich mit zwei Ruten fischte. Eine Rute brachte konstant Fisch, wohingegen an der anderen Rute nicht eine Aktion zu verzeichnen war. An den Montagen beider Rute befanden sich jeweils zwei Boilies. Also eigentlich kein Unterschied – aber nur scheinbar. Denn die Montage an der linken Rute hatte ich mit zwei sinkenden Ködern bestückt, an der rechten Rute, also der Erfolgsrute, befand sich ein Schneemann. Für alle Angler, die es noch nicht wissen: Zur Herstellung eines Schneemanns zieht man zunächst einen sinkenden Boilie aufs Haar, danach folgt ein Pop-Up-Boilie mit dem gleichen Durchmesser.

Im Wasser treibt der Pop-Up auf und befindet sich direkt über dem sinkenden Boilie. Dieser Köder erinnert also entfernt an die Figur eines Schneemanns, daher der Name. Ein Schneemann sieht aber nicht nur gut und auffällig aus, sondern hat auch noch eine weitere Eigenschaft: Das Gewicht des sinkenden Boilie wird vom Pop-Up nahezu neutralisiert. Das Resultat ist ein nahezu schwereloser Köder. Karpfenangler sprechen auch von einem ausbalancierten Köder.

Diese Präsentation hat gleich mehrere Vorteile: Zum einen sinkt er nicht so leicht in weichen Gewässergrund ein wie eine oder mehrere sinkende Kugeln. Angelt man mit »schweren« Boilies kann es im schlimmsten Fall passieren, dass der Köder komplett im Sediment verschwindet und von den Fischen nicht mehr gefunden wird. Ein Ansitz ohne Fisch wäre fast zwangsläufig die Folge. Mit einem nahezu schwerelosen Schneemann kann das nicht passieren.

Aber das ist nicht der einzige Vorteil eines ausbalancierten Köders: Weil der Schneemann unter Wasser kaum Gewicht hat, kann er vom Karpfen problemlos eingesaugt werden. Ein Fisch, der den Futterplatz abgrast, muss eigentlich nur das Maul öffnen und schon gleitet der Köder hinein. Bevor sich der Karpfen versieht, greift der Haken – und der Bissanzeiger kreischt.

So steht der Schneemann im Wasser. Der sinkende Boilie liegt auf dem Boden, der auftreibende Pop-Up schwebt darüber.

Eine ausbalancierte Präsentation eignet sich auch sehr gut für stark befischte Gewässer, in denen die Karpfen schon schlechte Erfahrungen mit Boilies gemacht haben. Solche Fische können so vorsichtig sein, dass sie jeden Boilie an einem Futterplatz prüfen. Das geschieht häufig durch kurzes Ansaugen der Kugeln. Ein sinkender Hakenköder ist allerdings durch das Gewicht des Hakens deutlich schwerer als die umliegenden, angefütterten Boilies ohne Hakenballast. Da kann es passieren, dass ein vorsichtiger Karpfen beim vorsichtigen Ansaugen einer sinkenden Kugel mit Hakengewicht Verdacht schöpft und das Weite sucht.

Was kann man denn nun tun, um einen einzelnen sinkenden Boilie, an dem sich ein Haken befindet, etwas leichter zu machen? Dafür gibt es mehrere Möglichkeiten. Man kann sich einerseits das oben beschriebene Schneemannprinzip zunutze machen. Allerdings verwendet man nur einen halben sinkenden Boilie und einen halben Pop-Up.

Sinkende und schwimmende Boilies lassen sich am besten mit einer Schere oder einem Messer halbieren. Dabei ist darauf zu achten, dass man möglichst saubere Schnittkanten hat, damit die beiden Boiliehälften nachher gut aufeinander passen. Beim Beködern platziert man zuerst den halbierten Pop-Up und dann den halben sinkenden Boilie auf der Boilienadel. Danach werden die beiden Hälften auf das Haar gezogen und dann mit einem Boiliestopper gesichert. Fertig ist ein nahezu schwereloser Köder, der so leicht ist, dass er dem Karpfen beim Ansaugen förmlich ins Maul fliegt.

Ein ausbalancierter Einzelköder lässt sich aus je einem halbierten sinkenden und einem halbierten Pop-Up herstellen.

Wenn die Zeit mal knapp ist, kann man auch auf fertige ausbalancierte Köder zurückgreifen.

### Fix und fertig ausbalanciert

Wer keine wertvolle Angelzeit mit der Köderbastelei verschwenden und schnell einen ausbalancierten Boilie aufziehen möchte, kann auch auf fertige Köder aus der Dose zurückgreifen. Sie werden unter der Bezeichnung »Critical Balanced Hookbaits« oder »50/50 Hookbaits« angeboten.

Auch wer nicht mit zwei unterschiedlichen Kugelhälften fischen möchte, muss nicht auf ausbalancierte Hakenköder verzichten. Denn man kann sinkende Boilies und Pop-Ups mit ein paar Hilfsmitteln in einigen Arbeitsschritten ausbalancieren. Kommen wir zunächst zu den sinkenden Boilies. Was benötigt eine sinkende Kugel, um ausbalanciert zu sein? Richtig, sie braucht Auftrieb. Und das klappt sehr gut, indem man den Boilie mit etwas Kork füllt. Dafür gibt es spezielle Köderbohrer, Bait Drills genannt, und Korksticks. Man durchbohrt die Kugel mit dem Bait Drill, schiebt den Korkstick durch die Kugel, schneidet die überstehenden Enden des Sticks sauber ab und fertig ist der leichte, ausbalancierte Hakenköder.

## Leichter Sinker

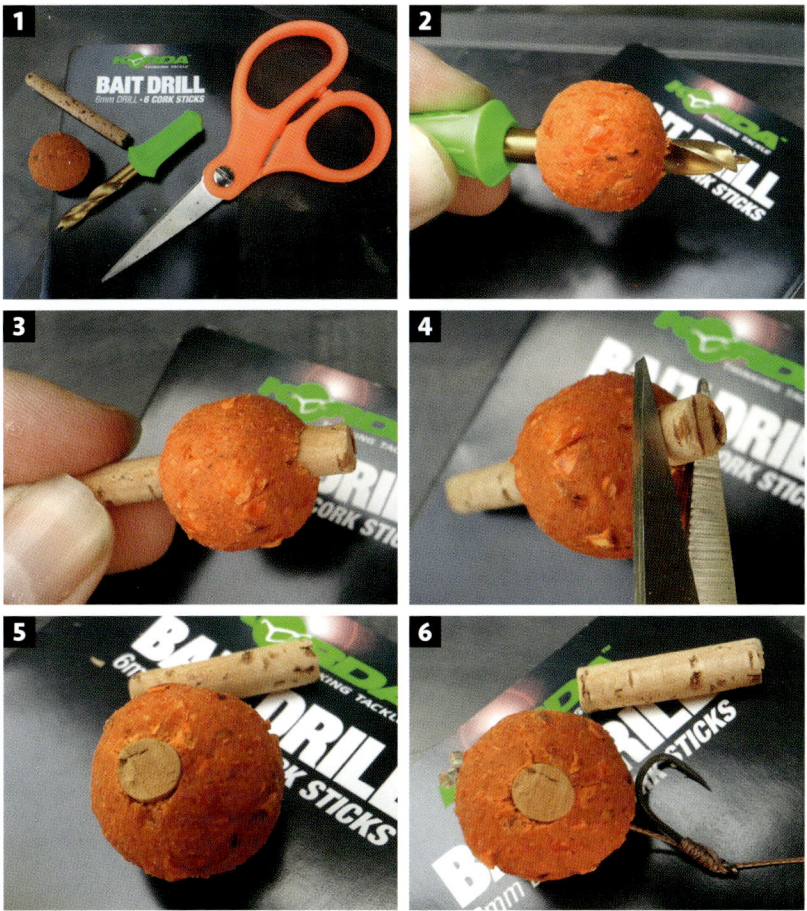

1 Um einen sinkenden Boilie auszubalancieren benötigt man einen Baitdrill, einen Korkstick und eine Schere.

2 Zuerst wird der Boilie durchbohrt.

3 Dann schiebt man den Korkstick durch das entstandene Loch.

4 Die überstehenden Enden werden abgeschnitten.

5 Durch die Korkfüllung wird der Boilie leichter.

6 Nun kann der ausbalancierte Einzelköder aufs Haar gezogen werden.

Auch einen Pop-Up kann man ausbalancieren. Allerdings benötigt die schwimmende Kugel im Gegensatz zu einem sinkenden Boilie keinen Auftrieb. Man muss sie vielmehr beschweren. Zu diesem Zweck bietet sich ein Bleischrot an. Zunächst bohrt man den Pop-Up mit dem Bohrer an. Allerdings wird der Baitdrill nicht komplett durch den Köder geführt. Durch das Anbohren wird eine Mulde geschaffen, in der man später das Bleischrot platziert. Nun wird der angebohrte Pop-Up aufs Haar gezogen, und zwar so, dass die Mulde mit der Öffnung Richtung Haken zeigt. Nun klemmt man das Bleischrot aufs Haar und schiebt es in den Pop-Up (Anleitung siehe Fotoserie im Anschluss). Nun ist der »schwere« Pop-Up bereit für den Einsatz am Futterplatz.

## Schwerer Pop-Up

1 Zum Beschweren und Ausbalancieren eines Pop-Ups braucht man einen Baitdrill und ein Bleischrot.

2 Im ersten Schritt wird ein Loch in den Pop-Up gebohrt.

3 Der schwimmende Boilie wird aufs Haar gezogen. Das Loch zeigt in Richtung Hakenbogen.

4 Danach wird das Bleischrot aufs Haar geklemmt.

5 Das Bleischrot in den Pop-Up drücken und fertig ist der austarierte Schwimmer.

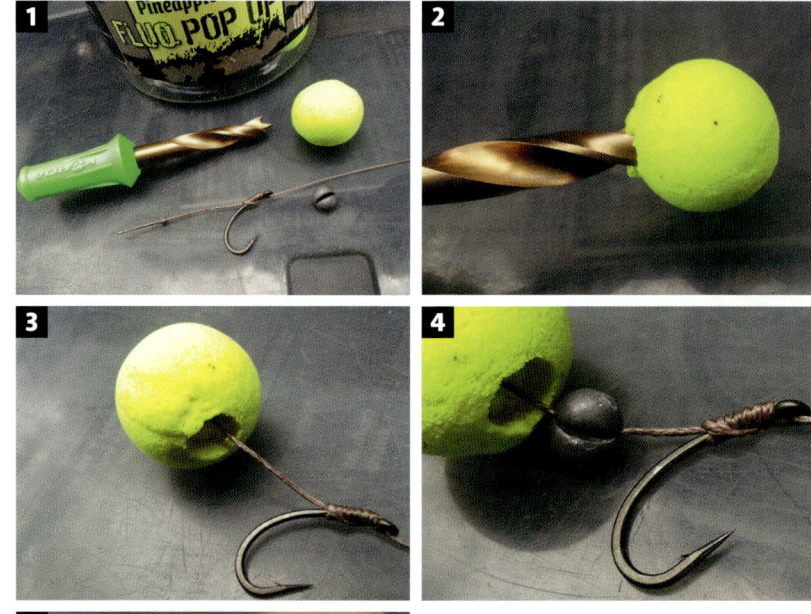

## Partikelvariationen

Partikeln haften mittlerweile viele Vorurteile an: Sie hätten einen zu geringen Nährwert, ließen sich nicht attraktiv präsentieren und würden nur kleine Karpfen an den Haken bringen. Kurzum, Mais und Tigernüsse gelten als unmodern, sozusagen als Köder von gestern.

Die Meinung, dass Partikel von Karpfen aufgrund eines geringen Nährwertes nicht gerne gefressen würden, kann ich nicht teilen. Ich habe schon viele Karpfen mit Partikelködern überlisten können, und wenn Mais, Tigernüsse & Co. als Futter verwendet werden, können sie so schlecht nicht sein. Bei der Köderpräsentation muss ich den Kritikern Recht geben – allerdings nur teilweise. Mehrere Maiskörner und Tigernüsse werden häufig nacheinander aufs Haar gezogen und mit einem Stopper gesichert – fertig. Das ist wirklich keine sehr ausgefeilte Köderpräsentation. Da bieten Boilies und Pop-Ups in verschiedenen Größen und Farben mehr Variations- und Selektionsmöglichkeiten. Aber auch

Zwei klassische Auftriebskörper: Ein Stück Kork (oben) und Styrodur.

Eine Schneemann-Präsentation funktioniert nicht nur mit Boilies, sondern auch mit sinkendem echten Mais und künstlichem Pop-Up-Mais.

Partikel fangen auch große Fische – wenn man den Köder wie hier innovativ präsentiert.

Partikel kann man durchdacht und selektiv präsentieren.

Mais und Tigernüsse sind recht klein, weshalb sie als Kleinfischmagneten gelten. Es gibt aber eine Möglichkeit, auch mit Partikeln einen relativ großen Köder zu schaffen, mit dem man Kleinfischen vom Biss abhalten kann. Es handelt sich um das Doppelhair-Rig. Bringt man am Haken zwei mit Partikeln bestückte Hairs an, entsteht ein voluminöser Köder, den Rotaugen und Brassen nicht so leicht ins Maul bekommen. Ein Karpfen hingegen kann das Partikelpaket problemlos bewältigen.

Aber halt, bevor das Doppelhair-Rig die Karpfen an den Haken bringt, muss es erst einmal hergestellt werden. Dazu knüpfe ich einen Rig-Ring ans Ende des geflochtenen Vorfachmaterials. Dann wird der Haken mit einem No Knot am Vorfach fixiert. Man muss darauf achten, dass sich der Rig-Ring knapp unterhalb der No Knot-Verbindung befindet.

Das Doppelhair hat seinen Dienst getan.

Nun geht es an die Herstellung des Doppelhairs. Eigentlich handelt es sich dabei nur um ein einziges Haar. Ich trenne ein 10 bis 12 Zentimeter langes Stück geflochtenes Vorfachmaterial ab und knüpfe in jedes der beiden Enden eine Schlaufe. Nun wird das Hair durch den Rig-Ring geführt und mittig an den Ring geknüpft. Das Doppelhair ist fertig und kann beködert werden.

Bei Boilies wird oft mit Köderfarben gespielt. Eine rote oder grüne Kugel erzeugt Aufmerksamkeit und sorgt für schnelle Bisse. Auch bei Partikelpräsentationen kann man Farbe ins Spiel bringen. Dafür sind künstliche Maiskörner oder Tigernüsse, auch Fakebaits genannt, sehr gut geeignet. Die Imitationen sind in verschiedenen Farben erhältlich und je nach Hersteller und Variante sogar aromatisiert. Platziert man am Ende einer Kette aus echten Maiskörnern einen roten oder grünen Fakebait, ist der Köder deutlich auffälliger und für die Karpfen leichter zu finden.

Partikel-Imitationen, auch Fakebaits genannt, setzen farbliche Reize.

Es gibt auch schwimmende Fakebaits, etwa den Pop-Up Corn und den Pop-Up Maize von Korda. Diese Kunstköder haben neben ihrer Farbe einen weiteren Vorteil. Sie verringern das Gewicht des Köders. Wenn ein Karpfen die Partikelkette ansaugt, fliegt der Köder samt Haken dem Karpfen förmlich ins Maul. So lassen sich eine leichte Köderpräsentation und farblicher Reiz kombinieren.

Mit Hilfe von Fakebaits kann man auch eine sogenannte Schneemann-Präsentation erreichen. Dazu kombiniert man eine echte Tigernuss oder ein echtes Maiskorn mit einer schwimmenden Tigernuss-Imitation beziehungsweise einem schwimmenden künstlichen Maiskorn.

Man benötigt allerdings nicht unbedingt Fakebaits, um einen Partikelköder attraktiv auftreiben zu lassen. Im Fachhandel bekommt man Pop-Up-Foam, der zwischen den Körnern oder Nüssen auf dem Haar platziert wird und für den nötigen Auftrieb sorgt. Es gibt allerdings auch günstigere Auftriebskörper, zum Beispiel klassischen Kork. Aus einem Weinkorken kann man sich Stückchen zurechtschneiden.

Ein weiteres praktisches und günstiges Auftriebsmaterial ist Styrodur. Dieses Material hat eine feste Konsistenz und ist nicht zu verwechseln mit dem krümeligen Styropor. Das ist ein Dämmmaterial und als Platte im Baustoffhandel erhältlich. Von einer Styrodur-Platte kann man mit Hilfe eines Messers Stücke abtrennen und sie als Auftriebskörper einsetzen. Übrigens hat Styrodur mehr Auftrieb als Kork. Wer ein Maiskorn mit einem Styrodurstück kombiniert, erhält einen schwimmenden Köder. Man kann das Vorfach komplett auftreiben lassen und relativ weit über dem Grund fischen. Wer den Köder knapp über dem Boden anbieten möchte, muss ein Schrotblei auf dem Vorfach platzieren, das Partikel und Auftriebsköder in der gewünschten Höhe hält.

## Das doppelte Haar

1 Zur Herstellung und Beköderung des Doppelhair-Rigs benötigt man geflochtenes Vorfachmaterial, einen Haken, einen Rig-Ring, Boiliestopper eine Boilienadel und Partikel.

2 Zunächst knüpft man den Rig-Ring ans Ende des Vorfachs

3 Nun wird der Haken mit einer No Knot Verbindung am Vorfach fixiert. Der Rig-Ring muss sich knapp unterhalb des No Knots befinden.

4 Danach trennt man ein 10 bis 12 Zentimeter langes Stück Vorfachmaterial ab und bindet in jedes der beiden Enden eine Schlaufe.

5 Das Hair wird durch den Ring geführt und mit Hilfe eines einfachen Knotens mittig am Ring fixiert.

6 Mit Hilfe der Boilienadel werden Mais und Tigernüsse auf beide Hairs gezogen und mit Boiliestoppern gesichert.

## Dicke Dinger – XXL-Köder

Große Köder für große Fische, heißt es oft beim Raubfischangeln. Mit einem XXL-Wobbler oder einem großen Rotauge – häufig wird so auf große Hechte gefischt. Und nicht selten funktioniert diese Taktik. Beim Karpfenangeln werden dagegen kaum große Ködern angeboten.

Ganz im Gegenteil: Wer nach England blickt, dem Mutterland des modernen Karpfenangelns, wird feststellen, dass kleine Köder schwer in Mode sind: ein 14 Millimeter-Boilie oder eine kleine, mit einem künstlichen Maiskorn garnierte Tigernuss – so wird auf der Insel meist den Karpfen nachgestellt. Und bei uns wird diese Taktik adaptiert. Wenn man nachfragt, warum diese Ködergröße eingesetzt wird, bekommt man meist folgende Antwort: Um anders zu angeln als die anderen Karpfenangler. Boilies im 20-Millimeter-Format würden die Fische schließlich schon aus leidvoller Erfahrung kennen.

Dieses Argument überzeugt mich nur teilweise. Sicher macht es Sinn, beim Köder zu experimentieren und etwas anders zu machen als die anderen Angler. Aber kleine Köder bringen eben auch Nachteile: Weißfische stehen auf kleine Boilies oder zwei kleine Tigernüsse am Haar. Im Gegensatz zu englischen Gewässern gibt es in unseren Seen und Flüssen häufig große Brassen- und Rotaugenhorden, die über die Futterplätze fegen. Fischt man mit einem kleinen Köder, hat sich schnell ein Weißfisch am Haken aufgehängt, der dann herausgekurbelt werden muss.

So wird Unruhe am Futterplatz erzeugt. Danach muss die Montage neu ausgeworfen oder mit Hilfe des Bootes neu ausgelegt werden. Das erzeugt noch mehr Unruhe. Wozu dieses Szenario führt, wenn sich misstrauische Großkarpfen am Platz aufhalten, kann sich wohl jeder denken: Die Karpfen suchen das Weite, wodurch Miniköder sich eher als kontraproduktiv erweisen.

Muss man also weiter mit Ködern in Standardgröße fischen? Nein, man muss aber in eine andere Richtung denken: XXL statt XXS lautet die Devise. Extra große Köder sind häufig genauso unbekannt wie kleine. Aber sie besitzen einen großen Vorteil: Sie sind selektiv. Brassen und Rotaugen haben keine Chance, einen Köder im XXL-Format hinter die Kiemen zu bekommen. Das bedeutet: keine unnötige Unruhe am Futterplatz. Erst wenn die Zielfische auftauchen, wird es interessant, denn die haben mit einer großen Portion kein Problem, ganz im Gegenteil.

Nun fische ich schon seit langem mit XXL-Köder. Angefangen habe ich damit vor über 10 Jahren. Ich angelte in einem Baggersee, an dem ich die Montagen mit Hilfe eines Schlauchbootes weit hinausfahren und punktgenau ablegen musste. Wenn ich eine 20-Millimeter-Murmel aufs Haar zog, konnte es leicht passieren, dass ich in einer Nacht bis zu fünf Mal aufstehen, einen kleinen Karpfen drillen und dann die Montage neu ausbringen musste. Das war nicht nur nervig, sondern auch fürchterlich ineffizient: Es konnte ja kein größerer Karpfen beißen, weil ich den Großteil der Zeit nicht mit einer »scharfen« Montage fischte. Entweder drillte ich einen kleinen Fisch oder ich war damit beschäftigt, die Montage neu zu beködern und wieder an den Platz zu befördern.

So ging es nicht weiter, ein selektiver Köder musste her. Also ein großer Boilie, den die kleinen Karpfen nicht bewältigen konnten. Fertigboilies gab es aber nur in Durchmessern bis 24 oder höchstens 28 Millimeter zu kaufen – das war mir zu klein. Also stellte ich mich in meine Boilieküche und rollte aus dem gleichen Boiliemix, aus dem ich auch meine Futterboilies herstellte, per Hand Kugeln in Golfballgröße. Ob diese Riesenboilies den Erfolg bringen würden?

Eine Nacht am Baggersee sollte Klarheit bringen: Bis der Bissanzeiger piepste, verging deutlich mehr Zeit und ich musste in dieser Nacht auch nur zweimal zur Rute greifen, aber die Karpfen, die den Weg in den Kescher fanden, hatten ein ordentliches Format. Ich hatte es geschafft, die Kleinfische auszusortieren. Die Folgezeit bestätigte das Ergebnis. Ich fing zwar weniger Fische, aber die Exemplare, die den Weg auf meine Abhakmatte fanden, waren meist über 20 Pfund schwer. Und ich konnte Karpfen überlisten, die von den anderen Anglern selten oder gar nicht gefangen wurden. Die ungewöhnliche Ködergröße gepaart mit Selektivität brachte mir die Kapitalen ans Band.

Auch wenn ich nach wie vor sehr gerne mit selbstgerollten XXL-Boilies von 30 oder 40 Millimetern fische, muss man sich heutzutage nicht mehr in die Boilieküche stellen, um mit großen Kugeln angeln zu können. Denn mittlerweile bieten auch einige Hersteller große Boilies an (etwa von Carp Zoom). Häufig werden diese Kugeln als Welsboilies deklariert, aber sie fangen auch Karpfen.

XXL-Köder bringen große Fische in die Arme des Anglers.

Früher habe ich große Boilies auch immer an einem großen Haken in Größe 1 oder 2 angeboten. Mittlerweile kommen bei mir auch kleinere Haken zum Einsatz (Größe 4). Wichtig ist allerdings, dass der Boilie nicht zu nah am Haken sitzt. Bei einer großen Kugel lasse ich den Abstand zwischen Hakenbogen und Kugel etwas länger als bei Ködern im Normalformat. So kann der Haken nicht von der Riesenmurmel blockiert werden und greift sicher im Karpfenmaul.

Wer den Karpfen eine große Portion vorsetzen will, ist auch nicht auf Boilies beschränkt: Es gibt sogar Pellets im XXL-Format, die ebenfalls fürs Welsangeln vorgesehen sind. Sie werden in Durchmessern von 30 bis 60 Millimetern angeboten. Die 50er- und 60er-Pellets sind selbst mir ein bisschen zu groß, aber das Pressfutter in den Durchmessern 30 und 40 Millimetern habe ich schon mit Erfolg eingesetzt.

Ein weiterer Vorteil der großen Pellets: Sie lösen sich im Wasser recht langsam auf. Daher kann man über einen langen Zeitraum (je nach Wassertemperatur und Pelletgröße 30 bis 60 Stunden) mit ihnen angeln,

Beim Angeln mit großen Boilies darf der Köder nicht zu nah am Haken sitzen, sonst besteht Fehlbissgefahr.

ohne den Köder erneuern zu müssen. Die XXL-Pellets sind mit einem Loch versehen, das zur Anköderung dient.

Ich ziehe den Pressfutterbrocken nicht wie einen herkömmlichen Köder aufs Haar, sondern schlaufe ihn ein (siehe Fotoserie). So hält er besser als bei der herkömmlichen Anköderung und Sicherung mit Hilfe eines Boiliestoppers. Denn der Stopper kann leicht aus der Schlaufe rutschen und der Pellet abfallen.

Sogar Partikel-Fans können XXL: Denn es gibt auch Maiskörner im Großformat. Im gut sortierten Fachhandel werden die XXL-Maiskörner als Riesenmais verkauft. Und auch die beliebten Tigernüsse gibt es in einer Jumbo-Version. Zwei, drei oder vier dieser Nüsse an einem Haar sind schon ein ziemlicher Brocken, der vielen Weißfischen und Satzkarpfen das Leben schwer macht. Da ist es für sie leichter, sich kleinerer Nahrung zuzuwenden.

Haben Sie also keine Angst vor XXL-Ködern. Damit angeln sie anders und vor allem selektiv auf Kapitale. Große Köder für große Fische – das funktioniert nicht nur bei Hecht & Co., sondern auch bei Karpfen.

Gleich ist es geschafft, dann hat Gregor seinen Fang sicher.

## XXL-Versionen

1 Super effektiv: ein großer Pellet auf einem mit Pressfutter in Normalgröße präparierten Platz.

2 Links die selbstgerollten Riesenkugeln, rechts herkömmliche 20-Millimeter-Boilies.

3 Extra große Tigernüsse werden im Fachhandel unter der Bezeichnung »Jumbo« verkauft.

4   Beim Riesenmais ist
    der Name Programm.
    Die großen Körner sind
    übrigens auch ein gu-
    ter Graskarpfenköder.

## So schlauft man Riesenpellets ein

1   Den großen Pellet nur
    mit einem Stopper zu
    sichern, ist riskant.
    Besser ist, man
    schlauft ihn an ein
    langes Haar.

2   Die Schlaufe am Ende
    des Haars wird durch
    den vorgebohrten
    Boilie geführt.

3   Nun führt man die
    Schlaufe am oberen
    Ende des Vorfachs
    durch die Haarschlaufe.

4   Ist das Ganze festge-
    zogen, hält der Pellet
    sicher.

# Futter bringt Fisch

Anfüttern steigert beim Karpfenangeln die Aussichten auf Fangerfolg, denn ein paar leckere Happen in der Nähe des Köders erregen die Aufmerksamkeit der Karpfen und animieren sie zur Nahrungsaufnahme. Mit Anfüttern ist allerdings nicht nur das Einbringen von Futter während des Angelns gemeint, sondern auch die Vorbereitung eines Platzes vor dem Angeltag. Wer mehrere Tage oder sogar Wochen vor dem Angeln regelmäßig Futter an den Platz wirft, wo später die beköderte Montage liegt, steigert seine Fangchancen ungemein. Denn die Fische gewöhnen sich daran, dass es an diesem Platz regelmäßig ein paar Leckereien abzugreifen gibt und schauen regelmäßig vorbei. Deshalb ist es wichtig, das Futter immer um die gleiche Zeit einzubringen. So gewöhnen sich die Karpfen an einen bestimmten Rhythmus.

Häufig sehe ich Angler, die an einem Tag um sieben Uhr morgens anfüttern, am nächsten gehen sie nachmittags ans Wasser und am darauf folgenden Tag am späten Abend. Das ist die falsche Herangehensweise. Wenn möglich sollte man die Regelmäßigkeit des Anfütterns auch auf die Uhrzeit ausweiten und immer um die gleiche Zeit Futter ins Wasser bringen. Denn die Karpfen lassen sich auch auf eine bestimmte Uhrzeit konditionieren.

Ich richte mich bei der Wahl der Anfütterzeit nach der Planung meines Ansitzes. Wenn ich etwa plane, abends um 20 Uhr am Wasser anzukommen, füttere ich an den Tagen vor dem Angeln jeweils gegen 22 Uhr an. Warum diese Uhrzeit? Wenn ich um 20 Uhr am See oder Fluss ankomme, müssen Geräte aufgebaut und Montagen ausgeworfen werden. Das braucht Zeit und erzeugt Unruhe am Ufer und am Futterplatz. Gegen 22 Uhr ist man fertig mit den Vorbereitungen und es kehrt Ruhe ein. Nun kann man das Futter einbringen und die Karpfen, die sich am Futterplatz einstellen, werden nicht durch aufklatschende Montagen verschreckt.

Aus Zeitmangel komme ich mittlerweile nur noch selten dazu, mehrere Tage und Nächte am Stück zu fischen und habe nicht die Gelegenheit, die Karpfen »auszusitzen«. Meist beschränkt sich meine Fischerei auf Kurzansitze für mehrere Stunden oder über Nacht. Regelmäßiges Anfüttern zur gleichen Tages- oder Nachtzeit trägt dazu bei, die zur Verfügung stehende Angelzeit optimal nutzen zu können. Ich kann durch gezieltes und regelmäßiges Einbringen ein Zeitfenster schaffen, das es mir ermöglicht, auch während einer vergleichsweise kurzen Zeitspanne erfolgreich zu sein.

Diese Taktik funktioniert natürlich nur, wenn kein anderer Angler meine Stelle befischt. Denn die Karpfen riechen schnell Lunte, wenn sie an einem Platz regelmäßig gefangen werden und suchen das Weite. An von Anglern stark frequentierten Gewässern hat das Anfüttern leider wenig Sinn, weil das Risiko hoch ist, dass ein anderer Angler den mühevoll angelegten Futterplatz bewusst oder unbewusst »aberntet«. Dann versuche ich, auf schwierig zu erreichende Stellen auszuweichen, die nicht so häufig befischt werden oder suche mir ein Gewässer mit geringerem Angeldruck.

Anfüttern vor und während des Angelns steigert die Chancen auf einen Fisch.

## Futtermenge und Futtersorten

Was und wie viel man anfüttert, ist von zwei Faktoren abhängig: Zum einen vom Fisch- beziehungsweise Karpfenbestand und zum anderen vom Ziel, das man sich gesetzt hat. Grundsätzlich kann man in Gewässern mit höherer Fischdichte auch größere Futtermengen einbringen. Schwimmen viele Karpfen und andere Friedfische im See oder Fluss, wird das eingebrachte Futter höchstwahrscheinlich auch gefressen.

Nichts ist dagegen schlimmer als über mehrere Tage einen Futterberg aufzutürmen, den die Fische in diesem Zeitraum gar nicht abtragen können. Liegt die beköderte Montage am Angeltag auf diesem Futterberg, stehen die Chancen, einen Karpfen ans Band zu bekommen, fast bei Null. Denn die Wahrscheinlichkeit, dass ein Fisch den Hakenköder in der riesigen Menge der eingebrachten Köder findet, ist sehr gering.

In Gewässern mit hoher Fischdichte haben größere Futtermengen einen positiven Effekt: Kommen viele Weißfische vor, muss man gerade beim Anfüttern mit kleineren Futtersorten einkalkulieren, dass nicht nur Karpfen, sondern auch Rotaugen und Brassen sich am Futter gütlich tun. Da braucht es schon eine größere Futtermenge, damit für die Karpfen etwas übrig bleibt.

Darüber hinaus können größere Futtermengen an Gewässern mit höherem Karpfenbestand einen regelrechten Fressrausch auslösen. Stellt sich ein größerer Trupp Karpfen an der Futterstelle ein und beginnt zu fressen, kann es passieren, dass sich die Fische aufgrund von Futterneid in einen wahren Fressrausch hineinsteigern. Dann legen sie jede Scheu ab und saugen das Futter und natürlich auch den Hakenköder ein. Auch von einem gehakten Fisch lassen sie sich nicht stören. Dieses Phänomen habe ich schon häufiger beobachtet. Befinden sich die Karpfen im Fressrausch, kann man innerhalb kurzer Zeit mehrere Fische fangen. Mehrere Male ist es mir schon passiert, dass ich gerade einen Fisch drillte und plötzlich auch an der zweiten Rute ein Biss erfolgte. Um auf Nummer sicher zu gehen, versuche ich allerdings immer, einen gehakten Karpfen etwas abseits des Futterplatzes auszudrillen. So hält sich die Unruhe in Grenzen und man kann auf weitere Bisse hoffen.

Eine konkrete und universell gültige Angabe zur optimalen Futtermenge zu geben, ist unmöglich. Zu unterschiedlich sind die Situationen an verschiedenen Gewässern. Befische ich ein Gewässer, dessen Fischbestand ich nicht gut kenne, oder in dem nur wenige Karpfen schwimmen, liegt meine Futtermenge pro Tag zwischen 500 Gramm und 2 Kilo. Schließlich möchte ich die Karpfen nicht überfüttern. Erst bei guten Fangresultaten erhöhe ich die Futtermenge. Beim Angeln lege ich nach jedem Biss etwas Futter nach, um die Fische am Platz zu halten. Man sollte immer daran denken, dass einmal eingebrachtes Futter nicht mehr aus dem Gewässer geholt werden kann. Lieber zu wenig als zu viel, lautet die Devise.

Bei klarem Wasser lege ich auch gerne einen Futterplatz in Ufernähe an, der mir als Indikator für dient, ob Karpfen vor Ort sind und ob das Futter gefressen wird. Denn im flachen Wasser kann man am nächsten Tag gut erkennen, ob das Futter auch angenommen wurde. Diese Taktik funktioniert natürlich nur, wenn die hungrigen Wasservögel davon keinen Wind bekommen. Sonst räumen sie den Futterplatz leer und das Testergebnis ist verfälscht.

Die Futtermenge richtet sich auch nach der Jahreszeit beziehungsweise der Wassertemperatur. Im Frühjahr, wenn das Wasser eine Temperatur

Dem Hanf wird nicht zu unrecht nachgesagt, dass er die Karpfen geradezu süchtig machen soll.

Größere Boilies wirken auch als Futter selektiv.

von 12 Grad erreicht hat, kommen die Karpfen in Fresslaune. Ich beginne mit kleineren Futtermengen und steigere bei Bedarf. Im Sommer läuft der Stoffwechsel der Karpfen auf Hochtouren, entsprechend viel Nahrung nehmen sie auf.

Der Herbst ist noch einmal eine ganz heiße Zeit, weil die Karpfen sich dann ein Polster für den Winter anfressen. Dann kann man bis zu einer Wassertemperatur von 10 Grad auch bei größeren Futtermengen arbeiten. Im Winter hingegen fallen die Fressphasen der Fische kurz aus. Dann müssen die Futtermengen klein gehalten werden, um die Fische nicht zu sättigen. Schließlich sollen sie nicht nur das Futter fressen, sondern auch den Hakenköder einsaugen.

Bei den Futtersorten unterscheide ich grundsätzlich zwischen Partikeln, Boilies, Pellets und Grundfutter. Partikel wie Mais, Tigernüsse und Kichererbsen sind relativ günstig. Damit kann man »Masse machen« und auch größere Mengen anfüttern, ohne sich ein Loch ins Portemonnaie zu reißen. Partikel eignen sich sehr gut, um den schon angesprochenen Fressrausch zu erzeugen. Sie stellen eine gute Futterbasis dar.

Für das Anfüttern verwende ich auch gerne Kleinstpartikel wie Hanf oder Weizen. Diese kleinen Körner stehen bei den Karpfen hoch im Kurs und sorgen dafür, dass die Fische lange am Futterplatz bleiben. Denn es dauert ziemlich lange, bis die Karpfen die kleinen Körner aufgesammelt haben. Und das steigert die Chancen, dass schließlich auch der Hakenköder eingesaugt wird. Dem Hanf wird sogar nachgesagt, dass er die Karpfen geradezu süchtig machen würde. Hanf und Weizen werden wie Mais und Tigernüsse 24 Stunden lang eingeweicht und dann aufgekocht.

Pellets lösen sich im Wasser auf und sind sehr attraktiv. Sie eignen sich besonders fürs Füttern während des Angelns.

Gutes Basisfutter: Eine Mischung aus Boilies und Partikeln.

Im Landhandel gibt es auch Futtermischungen für Kanarienvögel und Papageien. Diese Mixe enthalten verschiedene Sämereien, auf die die Karpfen total abfahren. Erhältlich sind die Futtermischungen in größeren Gebinden bis 20 Kilo zu einem relativ günstigen Preis.

Das Anfüttern mit Partikeln ist allerdings ein zweischneidiges Schwert. Es erzeugt bei den Karpfen Aufmerksamkeit, weil viele Fische, auch Rotaugen und Brassen, davon angelockt werden. Befinden sich allerdings viele Weißfische im See oder Fluss, wird der Platz von den nervigen Mitessern geradezu gestürmt. Leicht passiert es, dass ein Brassen gehakt wird. Sind die Karpfen vorsichtig, werden sie dadurch verschreckt, suchen das Weite und lassen sich erst einmal nicht mehr am Futterplatz blicken.

Boilies wirken nicht nur am Haken, sondern auch als Futter deutlich selektiver als Partikel. Selbst wenn sich Weißfische am Futterplatz aufhalten, bleiben noch ausreichend Kugeln für die Karpfen übrig. Zudem schafft es beim Karpfen und beim Angler Vertrauen, wenn mit der gleichen Sorte Boilies vorgefüttert wird, die später auch als Hakenköder verwendet wird.

Ist das Gewässer mit großen Brassen »verseucht«, füttere ich ausschließlich mit sehr harten und größeren Boilies. Diese Kugeln verströmen nicht so viele Aromen, so dass die schleimigen Plagegeister nicht so schnell auf sie aufmerksam werden. Die Karpfen nehmen die harten Kugeln aber durchaus wahr. Außerdem ist es für die Brassen schwieriger, einen harten Boilie zu knacken. Karpfen hingegen haben mit diesen Kugeln kein Problem.

Pellets lösen sich im Wasser auf und haben eine sehr hohe Lockwirkung, weil sich eine Futterwolke bildet. Des Weiteren bietet das Pressfutter den Vorteil, dass man damit einen Platz kaum überfüttern kann. Aufgrund der gerade im Sommer relativ kurzen Auflösungszeit sollte man Pellets regelmäßig nachfüttern. Ich verwende Pellets meist nicht zum Präparieren eines Platzes an den Tagen vor dem Angeln, sondern während des Angelns, um den Platz attraktiv zu halten.

Eine Alternative zu Pellets aus dem Angelladen ist Frolic. Das Hundefutter bekommt man in jedem Supermarkt und es löst sich im Wasser langsam auf. Um die Auflösezeit ein bisschen zu verlängern, kann man die Ringe in Öl einlegen.

Ein Futter, das beim Karpfenangeln nicht so häufig zum Einsatz kommt, ist Grundfutter. Ich verwende es an Gewässern mit geringem Bestand an großen Weißfischen gerne, um durch die auftretende Wolke und die am Grund verteilten Futterpartikel eine möglichst hohe Lockwirkung zu erzeugen. Dann vermische ich das angefeuchtete Grundfutter mit Partikeln und stelle Futterbälle her, die an den Platz geworfen werden. Wer ein bisschen sparen möchte, kann anstelle des Grundfutters aus der Tüte auch Paniermehl verwenden. Pellets und Grundfutterbälle nehme ich gerne während meiner Kurzansitze, um die Karpfen schnell anlocken zu können.

Grundfutter ist attraktiv, außerdem lassen sich darin Partikel einkneten.

An Gewässern mit ausgewogenem Karpfen- und Weißfischbestand kombiniere ich fürs Vorfüttern gerne Partikel und Boilies, wobei die Partikel die Grundlage des Futters bilden. Die Boilies sind sozusagen eine extra Zugabe für die Karpfen. Wenn ich merke, dass sich die Fänge nicht in die gewünschte Richtung entwickeln, justiere ich beim Futter nach und verändere die Bestandteile.

---

**5 Tipps fürs Anfüttern**

1. Partikel sind günstig und einfach zu beschaffen, sie bilden häufig die Basis des Futters.
2. An unbekannten Gewässern zunächst moderat anfüttern.
3. Maß halten: Größere Futtermengen nur an Seen und Flüssen mit hoher Fischdichte einbringen.
4. Möchte man Weißfische vermeiden, ausschließlich harte Boilies anfüttern.
5. Immer zur gleichen Tages- oder Nachtzeit anfüttern. So gewöhnen sich die Karpfen an den Futterplatz.

---

# Die Futterstrategie

Ganze Bücher und unzählige Artikel in Fachzeitschriften sind zum Thema Futterstrategien geschrieben worden. Es gibt unterschiedliche Herangehensweisen, die zum Erfolg führen können. Aber grundsätzlich unterscheide ich zwischen drei Strategien, einen Futterplatz anzulegen.

Eine konzentrierte Futterstelle brachte diesen schönen Herbst-Schuppi.

### Der konzentrierte Futterplatz

Bei dieser Vorgehensweise legt man einen kleinen Futterplatz an. Auch beim Angeln wird das Futter konzentriert um den Köder verteilt. Der Karpfen soll so ganz gezielt an den Hakenköder gelockt werden. Häufig bekommt man so ziemlich schnell einen Biss. Deshalb setze ich diese Taktik gerne bei kurzen Ansitzen ein, wenn ich nicht viel Zeit habe, um einen Karpfen zum Biss zu verleiten.

Das Problem beim konzentrierten Futterplatz besteht darin, dass die Karpfen aufgrund des räumlich begrenzten Futterplatzes beim Biss eines Artgenossens leicht verschreckt werden können. Dann flüchten sie und lassen sich erst einmal nicht mehr blicken. Außerdem reagieren die Karpfen gerade an stärker befischten Gewässern oft schreckhaft auf konzentrierte Futterplätze, weil sie damit schon schlechte Erfahrungen gemacht haben.

Einen konzentrierten Futterplatz befische ich gerne mit zwei Ruten: Eine Montage platziere ich mitten im Futter, das andere Rig lege ich etwas abseits des Futterplatzes ab. Häufig hat mir das etwas vom Futter entfernt gelegene Rig die größeren und vorsichtigeren Karpfen gebracht.

### Der große Futterplatz

Der große Futterplatz ist das Gegenkonzept zur konzentrierten Futterstelle. Hier werden Boilies, Partikel oder Grundfutter in einem größeren Radius verteilt. Die Fische sollen das Futter suchen. Häufig schafft man es, einen Trupp Karpfen »auseinanderzuziehen«. So werden sie von einem Biss nicht verschreckt und man kann mehrere Exemplare fangen. Außerdem kann man einen großen Bereich mit einzelnen Futterportionen abdecken und so Fische anlocken, die auf unterschiedlichen Routen durchs Gewässer ziehen. Einen großen Futterplatz lege ich gerne bei längeren Ansitzen an oder wenn ich größere Gewässer befische.

### Die Futterstraße

Wenn ich nicht genau weiß, in welcher Tiefe sich die Karpfen aufhalten, ist die Futterstraße eine optimale Strategie. Hierbei verteile ich vom Ufer ausgehend das Futter auf unterschiedlichen Wassertiefen. Das erhöht die Chance, die im Gewässer umherziehenden Karpfen ausfindig zu machen. Auch platziere ich meine zwei oder drei Montagen in unterschiedlichen Wassertiefen auf der Futterstraße. Wenn ich bemerke, dass in einer bestimmten Tiefe auffällig viele Bisse kommen, kann ich dort eine zweite Montage präsentieren und meine Fangchancen weiter verbessern.

Für schwierige Fälle: Der Hakenköder mit etwas Futter im PVA-Beutel.

# Hilfsmittel fürs Anfüttern

Man muss nicht nur das richtige Futter zusammenstellen, es muss auch an den Platz gebracht werden. In Ufernähe kann man Boilies und Partikel vielleicht noch von Hand auswerfen, aber auf größere Distanz wird's schwierig. Um Boilies, Partikel und Futterbälle genau und weit hinausbefördern zu können, gibt es unterschiedliche Hilfsmittel.

## Die Futterschleuder

Die Futterschleuder wird schon seit vielen Jahren verwendet, um Futterbälle und Boilies an den Platz zu schießen. Mit ein bisschen Übung lassen sich Kugeln und kleinere Bälle ziemlich genau an die gewünschte Stelle katapultieren. Wichtig ist, dass man ein Modell mit stabilen Gummis verwendet. Sonst ist die Schleuder ziemlich schnell kaputt. Viele Schleudern werden mittlerweile mit einem Ersatzgummi geliefert, den man auch nachbestellen kann.

Katapult für Futter: Mit der Futterschleuder kann man Boilies und kleinere Futterbälle an den Platz schießen.

Damit Futterbälle beim Hinausschießen nicht aufplatzen, sollte man darauf achten, ausreichend Binder zu verwenden und nicht zu viele Partikel wie etwa Mais einzuarbeiten, welche die Bindekraft des Grundfutters negativ beeinflussen.

## Die Futterschaufel

Die Futterschaufel, auch Groundbaiter genannt, eignet sich sehr gut fürs Anfüttern von Boilies, Partikeln, Pellets und Grundfutterbällen. Die Schaufel ist mit einem englischen Gewinde ausgerüstet und wird auf eine Kescherstange geschraubt. Die Bälle fliegen in der Regel nicht so weit wie bei der Verwendung einer Futterschleuder, aber mit der Schaufel kann man innerhalb kurzer Zeit auch größere Mengen anfüttern.

Zieht man mit der Schaufel nicht so kraftvoll durch, lassen sich auch Futterbälle anfüttern, in die relativ viele Partikel eingearbeitet wurden und die deshalb keine so große Bindekraft haben.

Beim Kauf einer Futterschaufel sollte man darauf achten, dass das Modell gut verarbeitet ist und die Verbindung zu Verschraubung nicht zu schwach ist. Sonst kann es beim Auswerfen größerer Futterbälle passieren, dass die Schaufel abbricht.

Die Futterschaufel ermöglicht das Anfüttern größerer Futtermengen in kurzer Zeit.

Fürs weite und punkt-
genaue Anfüttern von
Boilies: das Wurfrohr.

## Das Wurfrohr

Mit dem Wurfrohr kann man Boilies sehr weit hinausbefördern. Allerdings erfordert der Umgang mit diesem Anfüttergerät einiges an Übung. Vor dem Angeln sollte man sich mit der Verwendung des Rohrs ein wenig üben, sonst landen die Kugeln überall, aber nicht dort, wo sie eigentlich hin sollen. Wer den Dreh allerdings raus hat, kann Boilies nahezu punktgenau hinausbefördern.

An die Boiliegröße angepasst sind Wurfrohre in verschiedenen Durchmessern erhältlich. Wer nicht viel Geld für ein Wurfrohr ausgeben möchte, kann es sich auch aus einem Stück Plastikrohr (erhältlich im Baumarkt) selbst herstellen. Das Plastikrohr wird am unteren Ende verschlossen. Erhitzt man das Rohr, kann man es vorsichtig biegen. Nach dem Abkühlen ist das Wurfrohr Marke Eigenbau fertig.

## Die Futterrakete / Spomb

Die Futterrakete ist ein Hilfsmittel, mit dem man Grundfutter und Partikel punktgenau an weiter entfernt gelegene Futterplätze befördert kann. Vorteil der Rakete: Man kann im Gegensatz zur Schleuder oder zur Schaufel auch feuchteres Futter ausbringen, weil keine Bälle geformt werden müssen.

Die Rakete wird mit der Rute ausgeworfen. Da eine gefüllte Futterrakete ordentlich Gewicht auf die Waage bringt, ist eine herkömmliche Karpfenrute ungeeignet. Zum Anfüttern mit der Rakete gibt es spezielle Spod-Ruten mit einer Testkurve von 5 lb. Auf die Rolle kommt eine geflochtene Schnur oder eine Monofilschnur mit geflochtener Schlagschnur. Hat man die Rakete ausgeworfen, sollte man sie kurz vor dem Auftreffen auf der Wasseroberfläche kurz abbremsen, damit sie sich richtig ausleeren kann.

Die Spomb ist ein noch recht neues Raketenmodell. Sie besitzt einen Hohlkörper, der mit Futter gefüllt wird. Dann wird die Rakete verschlossen. Beim Auftreffen auf der Wasseroberfläche öffnet sie sich automatisch und gibt ihren Inhalt frei.

Klassische Futterrakete und Spomb (rechts) fürs Anfüttern mit der Rute.

Das Schlauchboot erleichtert das Anfüttern und das Ausbringen der Montagen auf große Distanz.

### Das Schlauchboot

Gerade beim Angeln an Großgewässern, wo auf Distanz geangelt wird, kommt man um ein Schlauchboot nicht herum. Damit lässt sich das Futter auch in größerer Entfernung zum Ufer nahe an der Montage oder verstreut um den Hakenköder platzieren. Größere Boote sind zwar komfortabel aber sperrig, relativ schwer und man benötigt Zeit, um sie aufzublasen und startklar zu machen.

Deshalb verwende ich an überschaubaren Gewässern Schlauchboote mit einer Länge von maximal 2,3 Meter. Diese Bootsgrößen lassen sich verpackt auf einer Angelkarre transportieren und sind relativ schnell einsatzbereit. Einige Angler verwenden auch gerne Faltboote, wie das Banana-Boot. Dieser Bootstyp ist zwar praktisch, aber gerade die klassischen Modelle liegen mir zu instabil im Wasser.

### Das Futterboot

Ein modernes Hilfsmittel zum Anfüttern und Ausbringen der Montage ist das Futterboot. Die kleinen Kähne lassen sich mit Futter beladen und per Fernsteuerung an den gewünschten Platz navigieren. Dort werden Futter und Montage abgeworfen.

Hochwertige Futterboote sind sogar mit Echolot, GPS-Gerät und Autopilot ausgestattet, um ein Höchstmaß an Genauigkeit zu erreichen. Diese Boote sind zwar praktisch, aber je nach Ausstattung ziemlich teuer. Für den ambitionierten Karpfenangler ist das Futterboot allerdings Gold wert.

Vor dem Einsatz eines Futterbootes sollte man sich nach den Regelungen am Gewässer erkundigen. Denn nicht überall ist der schwimmende Untersatz gestattet.

Das Futterboot ist ein äußerst praktisches, aber nicht gerade günstiges Hilfsmittel.

# Zauberhafte Lösung – PVA

PVA sind die drei Zauberbuchstaben für eine genaue Futterpräsentation. Sie sind die Abkürzung für Polyvinyl Alkohol. Dabei handelt es sich um ein wasserlösliches Material, das in unterschiedlichen Formen und unter verschiedenen Bezeichnungen in der Industrie verwendet wird.

Die Entdeckung von PVA als Hilfsmittel für die Karpfenangelei liegt schon einige Jahre zurück. Ich kann mich erinnern, dass zu Beginn meiner Zeit als Karpfenangler zunächst fast ausschließlich PVA-Schnüre erhältlich waren, auf die man ganze oder halbierte Boilies ziehen konnte.

Ein mit Futter bestücktes Stück PVA-Schnur wird als Stringer bezeichnet. Nach dem Auswerfen und Absinken der Montage löst sich die PVA-Schnur im Wasser auf und die Futterboilies liegen direkt neben der Montage auf dem Gewässergrund. Punktgenauer kann man die Futterkugeln nicht präsentieren.

Die Auswahl an verschiedenen PVA-Materialien ist mittlerweile riesig.

Der Siegeszug des praktischen PVA war nicht aufzuhalten und das Angebot an wasserlöslichen Materialien ist heute riesengroß. PVA ist übrigens nicht gleich PVA. Weil die Auflösungszeit von der Wassertemperatur abhängig ist, gibt es von einigen Firmen spezielles Sommer- und Winter-PVA. Das Sommer-PVA löst sich bei hohen Wassertemperaturen nicht so schnell auf. Sonst könnte es passieren, dass das PVA schon weg ist, bevor die Montage am Grund angekommen ist und sich das Futter aufgrund von Strömung ungewollt verteilt. Das Winter-PVA ist so konzipiert, dass es sich im kalten Wasser innerhalb eines kurzen Zeitraums auflöst und so das Futter ziemlich schnell freigibt.

Die große Vielfalt der PVA-Produkte lässt sich in drei Gruppen unterteilen. 1) Schnüre und Tapes, 2) Beutel und 3) Netzmaterial. Diese Materialien besitzen unterschiedliche Eigenschaften und eignen sich für bestimmte Futtersorten und Einsatzgebiete.

Auf PVA-Schnüre und -Tapes kann man Boilies ziehen und am Haken anbringen.

In einen PVA-Beutel kann man die komplette Montage sowie eine kleine Futterportion packen.

Viele flüssige Aromen sind PVA-beständig und lassen sich in den Beutel füllen. Hat sich der Beutel im Wasser aufgelöst, befindet sich eine lockende Aroma-Wolke in Grundnähe.

## Schnüre und Tapes

PVA-Schnüre (Strings) und PVA-Tapes werden wie schon beschrieben dazu verwendet, um Stringer herzustellen. Mit Hilfe einer langen Boilienadel, auch Stringer-Nadel genannt, kann man mehrere Boilies oder Boiliestücke aufziehen und sie auf die PVA-Schnur ziehen. Bei der Herstellung eines Stringers sollte man darauf achten, immer ein Stück Platz zwischen den Boilies zu lassen. Denn kleben die Kugeln auf der Schnur aneinander, kann es passieren, dass sich das PVA im Wasser nicht auflöst.

Knoten in der PVA-Schnur wirken als Stopper und verhindern, dass die Boilies aneinander rutschen. Mittlerweile verwende ich anstelle von PVA-Schnur lieber PVA-Tape. Durch die größere Oberfläche löst sich das Tape im Wasser besser auf, und die Boilies des Stringers rutschen nicht so leicht hin und her.

## Beutel

Mini-Pellets und kleine Partikel kann man nicht oder nur sehr mühsam auf eine wasserlösliche Schnur ziehen. Hier kommen PVA-Beutel ins Spiel. Mit Hilfe dieser Beutel kann man dieses kleine Futter anbieten und kompakte Portionen herstellen. Auch die Montage lässt sich zusammen mit ein paar Pellets und Partikeln in den Beutel geben.

Das hat gleich mehrere Vorteile: Das Paket lässt sich zum einen sehr gut auswerfen. Zum anderen ist die Montage sehr gut getarnt, weil Blei und Vorfach von den Partikeln und Pellets verdeckt werden. Bei Partikeln sollte man darauf achten, dass deren Oberfläche nicht zu feucht ist. Sonst kann es passieren, dass sich der Beutel schon am Ufer auflöst.

Ein mit Montage und Futter gefüllter PVA-Beutel eignet sich auch sehr gut für das Angeln in verkrauteten Bereichen. Weil der beköderte Haken im Beutel geschützt liegt, kann er sich beim Absinken nicht im Grünzeug verfangen. Hat sich der Beutel am Gewässergrund aufgelöst, liegt der Haken frei und kann beim Biss sicher im Maul des Karpfens greifen. Viele mit Aromen versehene Liquids sind PVA-freundlich. Das heißt, sie lösen das Material nicht auf. So kann man zusätzlich noch einen Schuss Dip in den Beutel geben, der am Platz für eine attraktive Geruchsfahne sorgt.

## Netzmaterial

PVA-Netze oder PVA-Mesh wird meist auf einen Zylinder gezogen geliefert. So lassen sich die Netze einfacher befüllen. Man bindet am unteren Ende einen Knoten in das Netz und befüllt es über den Zylinder. Dann verschließt man es mit Hilfe eines weiteren Knoten.

PVA-Netze gibt es in unterschiedlichen Durchmessern und mit verschiedener Maschenweite. Je nach Durchmesser kann man unterschiedliches Futter einsetzen: Ganze und zerdrückte Boilies, Pellets, Partikel und sogar Maden kann man in das Netz füllen.

Ein schmales Netz lässt sich sehr gut beim Distanzangeln einsetzen, weil es gute aerodynamische Eigenschaften besitzt. Zur Befestigung des befüllten Netzes führt man den Haken durch das Gewebe. Das feine Netzmaterial löst sich im Wasser zuverlässig auf gibt den Köder frei.

PVA-Netze werden auch bei der Herstellung so genannter Baitsticks verwendet. Dazu kommt ein spezieller Mix aus Grundfutter zum Einsatz, den man als Stickmix bezeichnet. Das Grundfutter wird nur leicht ange-feuchtet, damit es das PVA-Material nicht angreift und dann in das Netz gegeben. Mit Hilfe des Stopfers, der meist mit dem PVA-Mesh geliefert wird, komprimiert man das Futter und verschließt danach das Paket. Der fertige Baitstick wird entweder am Haken eingehängt, man kann ihn aber auch direkt auf das Vorfach ziehen.

PVA-Netze kann man mit Boilies befüllen und hat so ein paar Kugeln direkt am Köder.

## So baut man einen Baitstick

1 Um einen Baitstick herzustellen, benötigt man Grundfutter oder Stickmix und PVA-Netzmaterial.

2 Zunächst füllt man die Trockenmischung in einen Eimer.

3 Nun gibt man etwas Wasser hinzu. Das Futter darf nicht zu feucht sein, sonst löst sich das PVA auf.

4 Die Mischung wird gründlich durchgeknetet.

5 Der Mix hat die richtige Konsistenz wenn er schön locker ist.

6 Das PVA-Material befindet sich auf einem Zylinder, der das Befüllen erleichtert.

7 Mit dem mitgelieferten Stopfer wird das Futter komprimiert.

8 Am unteren Ende bildet sich eine Futterwurst

9 Am oberen Ende wird das PVA-Netz zugeknotet.

10 Nun trennt man die Futterwurst ab.

11 Fertig ist der Baitstick.

12 Jetzt zieht man den Stick auf eine lange Boilienadel.

13 Danach wird der Stick auf das Vorfach mit Schlaufe gezogen.

14 Im letzten Schritt wird der Baitstick auf den Haken geschoben.

Ein schöner Fisch dank PVA.

# Tackle – Ausrüstung für den kapitalen Fang

Bei keiner anderen Angeldisziplin ist das Angebot an Ausrüstung so groß wie beim modernen Karpfenangeln. Ruten in verschiedenen Längen und Stärken, Rollen, Zelte, Liegen, Taschen, Stühle, Rod Pods, Bissanzeiger – die Liste ließe sich nahezu endlos fortsetzen. Fast jedes Angelgeschäft verfügt über einen mehr oder weniger großen Bereich, in dem Tackle für den Karpfenangler angeboten wird. Es gibt sogar Fachgeschäfte und Online-Shops, die sich aufs Karpfenangeln spezialisiert haben. Der reale oder virtuelle Rutenwald wird von Jahr zu Jahr größer, immer mehr Gerätefirmen bereichern den Markt mit umfangreichen Programmen: Stalking-Ruten, kurze Modelle fürs Bootsangeln, Spod- oder Weitwurfruten – für jeden möglichen oder auch unmöglichen Einsatzbereich gibt es die passende Rute. Bei den Liegen, auch Bedchairs genannt, kann man wählen zwischen einem Metallgestell mit spartanischer Bespannung oder einer Luxus-Liege, die fast bequemer ist als das heimische Bett. Und auch beim Wetterschutz reicht die Bandbreite mittlerweile vom Schirm, unter den gerade mal eine Liege passt, bis hin zum Großraumzelt, in dem man drei Personen mit Ausrüstung oder alternativ auch ein Auto unterbringen kann.

Der Bissanzeiger ist mittlerweile auch nicht mehr lediglich ein kleines Kästchen, das piepst, wenn die Schnur abläuft. Funkbissanzeiger mit Reichweiten über 100 Metern, auswählbaren Diodenfarben, Fallbiss-Alarm und polyphonen Signaltönen – es gibt (fast) nichts, was es nicht gibt. Mittlerweile drängen sogar Bissanzeiger auf den Markt, die sich über eine App mit dem Smartphone verbinden lassen.

Es gibt sogar Karpfenangler, die ich manchmal scherzhaft als »Tackle-Junkies« bezeichne. Sie sammeln Rollenmodelle, komplette Rutenserien und müssen jede Neuerung auf dem Tackle-Markt sofort haben. Da wird das Gerät zu einem Hobby im Hobby.

Viele Errungenschaften der Geräte-Industrie sind notwendig, manche sind Luxus, andere sind überflüssig. Was der Angler braucht beziehungsweise nicht braucht, muss er selbst entscheiden, wird er im Laufe seiner Karpfenangler-Karriere merken. In diesem Kapitel möchte ich wichtige Gerätschaften vorstellen und Entscheidungshilfen für die Tackle-Wahl geben.

# Ruten

Bevor ich mit dem modernen Karpfenangeln begann, fischte ich an relativ kleinen Gewässern mit leichter Grundrute, Matchrute oder Winklepicker auf Friedfisch. Das bedeutete feines Fischen mit weichen Ruten, kleinen Rollen und dünnen Schnüren. Eine Hauptschnur die den Durchmesser 0,20 oder 0,25 Millimeter überschritt, war auf meinen Rollen kaum zu finden. Ich hatte es nicht auf Karpfen abgesehen, sondern eher auf die breite Friedfisch-Palette, die im See oder im Fluss vorkam.

Neben Brassen, Döbeln und Rotaugen saugte allerdings auch der eine oder andere Karpfen die Brotflocke, den Wurm oder den Gemüsemais am Haken ein. Dann war Alarm angesagt: Satzkarpfen oder Exemplare bis etwa 12 Pfund bekam ich mit meiner Ausrüstung noch gebändigt, aber wenn ich einen größeren Karpfen gehakt hatte, sah es häufig ziemlich schlecht aus. Meist bekam ich diese Fische gar nicht zu Gesicht. Nach dem Anhieb kreischte die Bremse, der Karpfen riss Schnur von der Rolle und war einfach nicht zu stoppen. Druck konnte ich mit meiner weichen Rute nicht ausüben. Häufig flüchtete der Fisch in ein Hindernis oder das Vorfach hielt den Belastungen nicht stand.

Nachdem ich bei meinen ersten Versuchen mit Festblei und Haarmontage einen guten Fisch verloren hatte, sagte ich mir, dass es so nicht weitergehen könne und beschäftigte mich intensiv mit Ruten fürs spezialisierte Karpfenangeln. Was ich in Magazinen, Büchern und Gerätekatalogen entdeckte, widersprach meiner ausgeprägten Neigung zur feinen Fischerei.

Denn das Karpfenangeln ist eigentlich eine recht grobe Fischerei. Ruten mit einer Testkurve von 2 lb wurden angeboten. Auf den meisten Karpfenruten findet man keine Angabe zum Wurfgewicht, sondern eine Angabe in lb oder lbs. Diese in England geläufige Angabe stammt aus dem lateinischen Wort »libra«, das übersetzt »Pfund« bedeutet. Die lb-Angabe auf Karpfenruten hat sich mittlerweile auch auf dem europäischen Kontinent durchgesetzt.

Wer mit dem Aufdruck »lb« (das ist die korrekte Schreibweise) hadert, sei beruhigt. Man kann lb relativ einfach ins Wurfgewicht »umrechnen«: 1 lb entspricht einem Wurfgewicht von etwa 30 Gramm. Eine Karpfenrute mit einer Testkurve von 2 lb hat also ein Wurfgewicht von ungefähr 60 Gramm. Das ist für einen Angler, der Matchrute und Winklepicker gewöhnt ist, schon eine ziemliche Hausnummer.

Trotz meiner Skepsis legte ich mir ein Pärchen Karpfenruten mit einer Testkurve von 2 lb und der Standard-Länge von 12 ft zu. Die »ft«-Angabe ist auch wieder typisch britisch. Ein ft (feet = Fuß) sind 30 Zentimeter. Eine 12-Fuß-Rute besitzt also eine Länge von 3,60 Meter. Diese Ruten erwiesen sich als optimal fürs Angeln auf die Rüssler in kleineren Flüssen, Teichen und Seen. Man kann damit eine Festblei-Montage mit einem Gewicht von 60 Gramm auf kurze und mittlere Distanz gut auswerfen.

So sehen moderne Karpfenruten aus: Zweigeteilte Steckrute mit Duplon-Griff.

Weil eine 2-lb-Rute immer noch relativ weich ist, werden die Fluchten und Kopfstöße eines Karpfens im Drill sehr gut abgefedert. Im Uferbereich sorgt die Rute dank ihrer Flexibilität dafür, dass man nur wenige Ausschlitzer zu beklagen hat. Wer also überschaubare Gewässer befischt, in denen Karpfen in mittleren Größenklassen schwimmen, ist mit einer 2-lb-Rute in der Länge 12 ft gut beraten.

Beim Kauf spielt natürlich der persönliche Geschmack eine große Rolle. Welche Marke, Rutenblank und Ausstattung – das muss der Karpfenangler selbst entscheiden. Ich empfehle aber unbedingt, nicht nur aus dem Katalog oder aus dem Online-Shop zu kaufen. Denn wo 2 lb draufsteht, ist nicht unbedingt 2 lb drinne. Je nach Hersteller fallen die Rutenmodelle unterschiedlich aus – trotz gleicher Testkurve. Deshalb sollte man sich eine anvisierte Rute unbedingt in natura anschauen, sie in die Hand nehmen und die Aktion testen. Man wird erstaunt sein, wie groß die Unterschiede manchmal sind.

An dieser Stelle möchte ich auch eine Lanze für die Geräte-Hersteller brechen. Häufig bekomme ich von Anglern zu hören, dass Angelgerät so teuer geworden sei. Das trifft auf einige Bereiche sicher zu, aber im Rutenbereich sehe ich die Entwicklung anders: Vor einigen Jahren musste man angesichts des doch recht überschaubaren Angebotes für eine gute Karpfenrute ziemlich viel Geld hinlegen. Wer heute die Augen offenhält, recherchiert und die Kaufentscheidung nicht übers Knie bricht, muss keine horrenden Summen auf die Ladentheke legen. Für unter 100 Euro erhält man mittlerweile absolut brauchbare Ruten. Ich besitze zugegebenermaßen mittlerweile sehr viele Ruten verschiedener Hersteller, aber eines meiner Lieblingsmodelle, mit dem ich in den letzten Jahren viele schöne Fische gefangen habe, liegt im Preis bei etwa 90 Euro.

Dass man mit einer 2-lb-Rute an Grenzen stößt, wurde mir bewusst, als ich mich anglerisch weiterentwickelte und von meinen kleinen Flüssen und Teichen an größere Baggerseen und Naturgewässer wechselte. Hier reichte ein lockerer Wurf nicht mehr aus, um Plateaus oder Kanten zu erreichen und auch die zu erwartenden Karpfen waren deutlich größer. Um die Hotspots anwerfen zu können, kam ich mit 60 Gramm nicht mehr aus. Vielmehr waren 80 oder 90 Gramm notwendig. Aber dieses Gewicht konnte ich an meiner 2-lb-Rute nicht durchziehen, ohne Materialbruch befürchten zu müssen.

Also musste eine Rute her, die diese Belastungen ab kann. Ich entschied mich für eine Karpfenrute von 2,75 lb, die allerdings vergleichsweise hart ausfiel. Mit diesem Modell konnte ich Montagen mit Bleigewichten von 80, 90 oder 100 Gramm an weiter entfernt liegende Spots werfen. Auch das Drillen größerer Fische erwies sich mit diesen Ruten als machbar. Viele Jahre lang habe ich dieses Rutenmodell an unterschiedlichen Gewässern erfolgreich eingesetzt. Deshalb würde ich eine Rute mit einer Testkurve von 2,75 oder 3 lb als Allrounder empfehlen. Wer eine Rute sucht, mit der man in den meisten Situationen

Die »klassische« Variante einer Karpfenrute mit durchgängigem Korkgriff.

Angaben zum Wurfgewicht sucht man meist vergebens, stattdessen wird die Aktion in »lb« aufgedruckt. Die Rutenlänge wird in »ft« angegeben. Bei diesem Modell findet man auch noch eine herkömmliche Angabe zur Rutenlänge.

zurechtkommt, sollte in dieser Aktionsklasse wählen.

Ob man nun eine 12 oder 13 Fuß lange Rute wählt, hängt von den persönlichen Vorlieben ab. Ich bin bei 12-Fuß-Modellen geblieben, kenne aber auch Angler, die mit 13 Fuß langen Ruten besser zurechtkommen und weiter werfen können. Das gilt besonders für groß gewachsene Menschen, die mit einer längeren Rute eine bessere Hebelwirkung erzielen.

Bei der Rutenausstattung sollte man auf einen stabilen und hochwertigen Rollenhalter Wert legen. Muss man weit werfen, haben sich relativ große Ringe bewährt. Ein 50er-Startring, also ein erster großer Ring oberhalb des Rollenhalters, ist ein Indikator für eine Rute mit guten Wurfeigenschaften. Angelt man auf Distanz mit geflochtenen Schnüren sind SiC-Ringe von Vorteil. Diese Ringe sind mit einer extrem widerstandsfähigen Einlage versehen, in die Geflechtschnüre auf keinen Fall einschneiden können.

Ob man nun ein Rutenmodell mit zweigeteiltem Duplon-Griff oder einem klassisch durchgängigen Korkgriff wählt, bleibt dem Geschmack des Anglers überlassen. Der Retro-Style mit Korkgriff ist nicht mein Fall, ich präferiere einen Duplongriff, der beim Auswerfen gut in der Hand liegt.

Natürlich ist das Spektrum der erhältlichen Rutenmodelle damit noch nicht erschöpft. Es gibt auch Ruten mit Testkurven jenseits der 3 lb. Dabei handelt es sich um Modelle für das Distanzangeln, neudeutsch Long Range Fishing, das sich in letzter Zeit großer Beliebtheit erfreut. Gerade an stark befischten Seen kann es von Vorteil sein, etwas weiter auszuwerfen als die anderen Angler. Denn außerhalb der normalen Angler-Reichweite fühlen sich die Karpfen sicher und lassen sich auch bei hohem Angeldruck fangen.

Moderne Weitwurfruten haben nicht nur ordentlich Power, sondern auch einen schlanken Blank.

Die Rute federt die Fluchten des Fisches ab und bringe ihn sicher in den Kescher.

Ein großer Startring, hier ein 50er, ermöglicht weite Würfe. Eine SiC-Einlage erlaubt den Einsatz geflochtener Schnur.

Ein hochwertiger Rollenhalter sorgt dafür, dass die Rolle sicher sitzt.

Aber um Distanzen über 100 Meter erreichen zu können, braucht man neben der richtigen Wurftechnik auch eine Montage mit ausreichend Gewicht und schweres Geschütz. Beim Distanzangeln kommen Weitwurfruten mit Testkurven von 3,25 oder 3,5 lb zum Einsatz. Diese Modelle haben meist Längen von 13 Fuß.

Gerade im Bereich der Ruten mit hohen Testkurven sind die Fortschritte bei der Blank-Technologie erkennbar. Früher hatten Ruten mit einer Testkurve von 3 lb einen unansehnlich dicken Rutenblank. Heute fallen auch die Ruten mit einer solchen Kraft angenehm schlank aus. Vor kurzer Zeit hatte ich eine solche Weitwurfrute in der Hand. Ohne einen Aktionstest und einen Blick auf den Aufdruck hätte ich die Testkurve dieses Modells auf 2,5 oder 2,75 lb geschätzt. Aber sie entpuppte sich als waschechter Weitenjäger mit einer Testkurve von 3,5 lb.

Moderne Lang Range-Ruten sind also nicht nur etwas für extrem kraftvolle Würfe, sondern wissen auch dem Anglerauge zu gefallen. Wer sich eine Distanzrute zulegen möchte, sollte darauf achten, dass die Rute zwar steif ist und sich gut auflädt, in der Spitze aber dennoch halbwegs sensibel ist. Denn die gefährlichen Momente beim Angeln mit solchen Ruten kommen, wenn sich der ausgedrillte Fisch unter der Rutenspitze befindet. Erblickt der Karpfen den Kescher, kann es passieren, dass er noch einmal so richtig Gas gibt. Angelt man einem absolut unflexiblen »Besenstiel«, ist die Gefahr groß, dass auf kurze Distanz der Haken ausschlitzt, weil die Rute die Bewegungen des Fisches nicht abfedern konnte. Bei einem Ansitz angelte ein Bekannter mit Weitwurfruten, die in meinen Augen unheimlich steif waren. Er konnte damit zwar die Montage sehr weit hinauswerfen und vergleichsweise viele Karpfen haken. Aber vor dem Kescher gingen sehr viele Fische verloren. Deshalb sollte man auch bei Weitwurfruten immer bereit sein, einen Kompromiss zwischen Stärke und Sensibilität einzugehen. Denn was nutzt eine Rute, die den Karpfen zwar an den Haken, aber nicht in den Kescher bringt?

Beim Angeln mit relativ steifen Ruten sollte man in der letzten Drillphase die Rollenbremse ein wenig öffnen und versuchen, mehr über die Rolle zu arbeiten. Ein weiteres Einsatzgebiet von steifen Ruten ist das Angeln in großen Flüssen mit starker Strömung. Hier braucht man das Rückgrat der Rute, um schwere Gewichte auswerfen zu können und einen mit der Strömung flüchtenden Fisch stoppen zu können.

Wer den Rutenwald genau durchforstet, wird darüber hinaus feststellen, dass es auch Ruten in Längen um 10 Fuß (etwa 3 Meter) gibt. Diese Modelle eignen sich für das Spürangeln an Gewässern mit bewachsenen Ufern, wo eine lange Rute Probleme beim Handling bereiten würde. Die kurzen Modelle lassen sich auch beim Bootsangeln auf Karpfen einsetzen. Diese Methode bekommt auch immer mehr Fans, weil man auf diese Weise Stellen befischen kann, die den meisten Uferanglern unzugänglich sind. Eine kurze Rute erleichtert das Angeln und Drillen vom Boot enorm.

Eine Besonderheit sind Ruten mit Testkurven zwischen 4 und 8 lb. Diese Modelle eignen sich nicht fürs eigentliche Angeln, sondern kommen beim Anfüttern zum Einsatz. Man benötigt sie für das Ausbringen von Boilies, Partikeln, Pellets und Grundfutter mit der Futterrakete, auch Spod genannt. Und weil eine gefüllte Futterrakete ordentlich Gewicht auf die Waage bringt, wird eine entsprechend steife Rute benötigt. Häufig findet man auf solchen Ruten die Bezeichnung »Spod«. So wird direkt ersichtlich, für welchen Einsatzbereich die Rute vorgesehen ist.

Mit der Spomb, einer geschlossenen Futterrakete, lassen sich größere Futtermengen ausbringen. Da solch eine Rakete aber außergewöhnlich schwer ist, ist eine Rute mit viel Wurfgewicht erforderlich. Ruten mit Testkurven von 6 bis 8 lb erfüllen diese Voraussetzungen.

Kurze Ruten in Längen von 8 bis 10 ft (2,40 bis 3 Meter) eignen sich fürs Stalking oder das Angeln vom Boot.

## Umrechnung

Auf vielen Karpfenruten findet man keine Wurfgewichtsangabe, sondern eine Angabe der Testkurve in »lb«. 1 lb entspricht einem Wurfgewicht von 30 Gramm. Rutenlängen werden in »ft« (feet = Fuß) angegeben. 1 Fuß entspricht einer Länge von 30 Zentimetern.

## Testkurve und Einsatz

- Teiche und kleine Flüsse: 2 bis 2,5 lb
- Seen und größere Flüsse: 2,75 bis 3 lb
- Große Flüsse und Seen/Distanzangeln: 3 bis 3,5 lb
- Futterrakete (je nach Raketenmodell): 3,5 bis 8 lb

Eine gute Allroundrute besitzt eine Länge von 12 ft (3,60 Meter) und eine Testkurve von 2,75 lb.

Spod-Ruten kommen fürs Auswerfen der Futterrakete zum Einsatz. Für die Spomb braucht man ein besonders stabiles Modell.

# Rollen

Wie bei Ruten ist auch die Wahl der Rolle abhängig vom Einsatzbereich, also dem Gewässer und den zu erwartenden Fischgewichten. Grundsätzlich werden beim Karpfenangeln Stationärrollen verwendet. Eigentlich kann man jedes stabile Rollenmodell verwenden, das über eine ruckfreie Bremse und eine Schnurfassung von mindestens 150 bis 200 Metern 0,30er Monofilschnur aufweist.

Eine problemlos anlaufende Bremse ist für mich ein absolutes Muss, da ich mich bei einer rasanten Flucht des Fisches unbedingt darauf verlassen muss, dass ruckfrei Schnur freigegeben wird. Ob eine Rolle diese Funktion erfüllt, kann man übrigens ganz einfach in einer Trockenübung ermitteln: Montieren Sie die Rolle an eine Rute und knüpfen Sie die Hauptschnur an einem Baumstamm. Nun übt man Zug aus, justiert die Bremse und kann beobachten, ob sie sauber arbeitet.

## Freilaufrollen

Unter Karpfenanglern haben sich zwei Rollentypen durchgesetzt: Zum einen Freilaufrollen, zum anderen Brandungsrollen, die auch Big Pit-Rollen genannt werden. Als ich an kleinen Gewässern mit dem Karpfenangeln begonnen habe, setzte ich ausschließlich auf Freilaufrollen in den Größen 6000 oder 8000. Nach dem Auswerfen aktiviert man durch einen am Heck der Rolle befindlichen Hebel die Freilauffunktion. So kann der nach dem Biss flüchtende Karpfen Schnur von der Rolle ziehen. Der Angler nimmt die Rute auf, kann die Freilauffunktion durch eine Kurbelumdrehung deaktivieren und mit der zuvor eingestellten Bremsfunktion den Drill beginnen.

Komfortable Freilaufrolle für den Einsatz in kleinen und mittleren Gewässern.

Der Freilauf wird über einen Hebel am Heck der Rolle ein- und ausgeschaltet.

Gerade beim Angeln auf kurze Distanz, wo die Bisse häufig sehr rasant ausfallen, erleichtert der Freilauf die Rollenbedienung in einer »Stress-situation« ungemein: Man muss nach der Rutenaufnahme nicht an der Rolle fummeln und die Bremse neu einstellen, während der Fisch am anderen Ende der Schnur tobt. Der Abzugswiderstand des Freilaufs lässt sich bei den meisten Freilaufrollen über einen Ring oder ein Rädchen justieren, das sich ebenfalls am Heck der Rolle befindet. Häufig sehe ich Angler, die den Freilauf komplett öffnen. Das ist meiner Meinung nach die falsche Taktik: Beim Biss soll sich der Fisch selbst haken. Setzt der Karpfen zur Flucht an und kann ohne jeden Widerstand Schnur abzie-hen, unterstützt dies nicht den Selbsthakeffekt. Ich stelle den Freilauf immer recht straff ein, so dass der Karpfen zunächst gegen einen Wider-stand anschwimmen muss. So greift der Haken sicherer im Fischmaul. Voraussetzung dafür ist, dass Rute und Rolle sicher abgelegt sind. Sonst kann es passieren, dass die Rute bei einer rasanten Flucht ins Wasser gerissen wird, bevor der Angler reagieren kann.

Da es manchmal auf genaue und etwas weitere Würfe ankommt, sollte die Schnur sauber auf der Rolle verlegt werden. Fürs Auswerfen hat sich eine Spulenabwurfkante aus Metall bewährt. Von Vorteil finde ich es, wenn die Rolle mit einer oder sogar mehreren (hochwertigen) Ersatzspu-len geliefert wird. Füllt man die Spulen mit Schnüren in unterschiedlichen Stärken, ist die Rolle variabler einsetzbar. Beim Befischen kleinerer Ge-wässer und beim Angeln auf kurze Distanz sind Freilaufrollen auch heute noch mein klarer Favorit.

## Brandungs- / Big Pit-Rollen

Der zweite Rollentyp neben der Freilaufrolle ist die Brandungs- oder Big Pit-Rolle. Diese Rollen sind meist in den Größen 8000 bis 12000 erhältlich. Im Gegensatz zu Freilaufrollen sind diese Rollenmodelle meist etwas größer und mit einer Spule ausgestattet, die über einen breiteren Spulenkern und eine hohe Schnurfassung verfügt.

Brandungsrollen kommen beim Befischen großer Gewässer zum Einsatz.

Big Pit-Rollen fassen
große Schnurmengen.

Das klassische Einsatzgebiet dieser Rollen ist das Angeln auf große Distanz, bei dem man viel Schnur benötigt. Könnte man dafür nicht auch eine Freilaufrolle mit hoher Schnurfassung nehmen? Theoretisch ist das möglich, aber in der Praxis sieht die Sache meist anders aus. Ich erinnere mich noch gut an einen nächtlichen Ansitz, bei dem ich mit Freilaufrollen in 8000er Größe fischte. Die Montagen lagen an gefütterten Stellen in 300 Meter Entfernung. Mitten in der Nacht erfolgte der Biss. Ich sprang zur Rute, der Drill begann. Aber irgendwie hatte ich das Gefühl, dass ich nicht wirklich Schnur auf die Rolle bekam. Als ich im Schein der Kopflampe die Rolle betrachtete, wurde mir der Grund dafür schlagartig bewusst: Aufgrund der großen Distanz befand sich nicht mehr viel Schnur auf der Rolle und der Spulenkern der Freilaufrolle war relativ schmal. Eine Kurbelumdrehung brachte mir also nur wenig Leine auf die Spule.

Die vergleichsweise große Spule und der hohe Durchmesser des Spulenkerns einer Brandungsrolle spielt also gerade beim Distanzangeln durchaus eine wichtige Rolle. So ist man in der Lage, im Falle eines Falles schnell Schnur auf die Rolle zu bekommen. Ein weiterer Grund,

Moderne Bremssysteme erleichtern das Handling beim Biss und im Drill.

Ersatzspulen mit unterschiedlichen Spulenkernen ermöglichen einen variablen Einsatz der Rolle.

Es gibt auch Big Pit-Rollen, die mit einem Freilauf ausgerüstet sind.

der für Big Pit-Rollen spricht, ist ihre Robustheit. Ich habe das Gefühl, dass diese Modelle große Belastungen einfach besser vertragen können als Freilaufrollen. Aus diesem Grund bieten sich Brandungsrollen gerade fürs Angeln auf sehr große Fische oder für den Einsatz unter Extrembedingungen an, wie etwa in schnell strömenden Flüssen.

Brandungsrollen bieten nicht den Vorteil einer Freilauffunktion. Nach dem Auswerfen und Ablegen muss die Kopfbremse der Rolle so eingestellt werden, dass der Karpfen nach dem Biss Schnur abziehen kann. Wie auch bei der Freilaufrolle rate ich dazu, die Bremse etwas straffer einzustellen, um den Selbsthakeffekt zu unterstützen.

Beim Biss lautet das Motto: Ruhe bewahren und überlegt handeln. Denn es ist nicht mit einer Kurbelumdrehung getan – wie bei der Freilaufrolle. Wenn die Rolle abläuft, nehme ich die Rute auf, blockiere ich die Spule vorsichtig mit dem Finger und justiere die Kopfbremse. Um auf die Schnelle die richtige Einstellung zu finden, bedarf es etwas Übung. Auf keinen Fall darf man die Bremse komplett zudrehen. Dann ist Schnurbruch vorprogrammiert. Lieber den Widerstand zu Beginn etwas zu leicht einstellen und dann gefühlvoll nachjustieren.

Gerade bei älteren Rollenmodellen gestaltete sich das Justieren der Rollenbremse als etwas schwierig, weil man den Bremsknopf teilweise mehrfach drehen musste, um die Bremskraft zu verstärken. Seit einiger Zeit bieten mehrere Hersteller ihre Big Pit-Rollen mit speziellen Bremssystemen an, das etwa als »Quick Drag System« bezeichnet wird. Die Bremse ist so konzipiert, dass man sie mit einer Umdrehung sehr weit schließen oder öffnen kann. Das kommt dem Angler beim Biss und im Drill sehr entgegen, weil sich das Gefummel in Grenzen hält.

Wer »alte« Big Pit-Rollen gewöhnt ist und sich ein Modell mit dem beschriebenen modernen Bremssystem zulegt, muss sich umgewöhnen. Bei den ersten Drills ist Vorsicht angebracht: Schnell dreht man aus alter Gewohnheit etwas zu weit und schon ist die Bremse deutlich zu stark arretiert.

Ein sehr großer Pluspunkt bei einer Big Pit-Rolle zeigt sich, wenn Ersatzspulen mit Spulenkernen in verschiedenen Größen erhältlich sind. Befischt man mit dieser Rolle ein kleines Gewässer und benötigt keine großen Schnurmengen, wählt man eine flache Spule. So muss man nicht allzu viel Leine aufspulen.

Es sind auch Rollen erhältlich, welche die Vorteile eines Freilaufes mit den Vorzügen eines Big Pit-Modells vereinen. Sie verfügen über eine große Spule mit breitem Spulenkern sowie eine Kopfbremse, sind aber zusätzlich mit einem zuschaltbaren Freilauf ausgerüstet. Für Angler, die auf große Distanz fischen und es komfortabel mögen, ist so ein Rollenmodell die richtige Wahl.

# Hauptschnur

Als ich mit der gezielten Angelei auf Karpfen begann, musste man sich bei der Auswahl der Schnur keine großartigen Gedanken machen: Auf die Rolle kam eine monofile Hauptschnur, meist in der Stärke 0,30 oder 0,35 Millimeter. Als Vorfachmaterial verwendete man weiches Geflecht, damit der Karpfen beim Einsaugen des Köders keinen Verdacht schöpfte. Die Kombination »Mono auf der Rolle, Geflecht an der Montage« ist zwar auch heute noch eine gängige, aber längst nicht die einzige Möglichkeit.

Mittlerweile werden geflochtene Hauptschnüre und Schlagschnüre sowie Vorfächer aus Monofil oder Geflecht eingesetzt. Seit kurzem wird auch Fluorocarbon beim Karpfenangeln verwendet – als Hauptschnur und als Vorfachmaterial. Angesichts dieser Vielfalt kann man schnell den Überblick verlieren, und es stellt sich die Frage: Wann setze ich welches Material ein?

Die Auswahl an Schnüren, die sich fürs Karpfenangeln eignen, ist mittlerweile riesig.

## Monofilament

Monofilschnüre bestehen aus einem Faden und werden aus Polya-mid-Granulat hergestellt. Die Tragfähigkeit ist abhängig vom Durchmes-ser der Schnur. Charakteristisch für Schnüre aus monofilem Material sind ihre glatte Oberfläche und ihre Dehnfähigkeit. Diese Eigenschaften ma-chen Monofil zu einer sehr guten Hauptschnur. Beim Auswerfen bietet sie aufgrund ihrer glatten Oberfläche wenig Widerstand. Dadurch kann man die Montage sehr gut auch an weiter entfernt gelegene Stellen befördern. Durch die Dehnung werden im Drill die Kopfstöße eines Fisches sehr gut abgefedert, so dass man nur relativ wenige Ausschlitzer zu beklagen hat.

In hindernisfreien Gewässern benutze ich eine Leine mit einem Durch-messer von 0,30 Millimeter, in Seen mit versunkenen Bäumen, steinigem Boden oder beim Flussangeln gehe ich beim Schnurdurchmesser bis auf 0,40 oder 0,45 Millimeter hoch.

Da monofile Schnüre anfällig gegen Witterungseinflüsse sind, nehme ich pro Saison mindestens einen Schnurwechsel vor. Und hier wird ein weiterer Vorteil des Monofils deutlich. Kauft man es auf der Großspule, ist es relativ günstig. Da reißt eine neue Ladung Schnur auf der Rolle kein Loch ins Portemonnaie. So ist es nicht verwunderlich, dass etwa 90 Prozent der Karpfenangler ihre Rollen mit Monofilschnur bespulen.

In der letzten Phase des Drills ist man mit einer monofilen Hauptschnur im Vorteil, weil sie eine plötz-liche Flucht des Karpfens wirksam abpuffert.

Monofile Schnur kommt beim Karpfenangeln am häufigsten auf die Rolle.

Monofil kommt aber auch in einem anderen Bereich zum Einsatz: als Schlagschnur. Angelt man an einer Abbruchkante, die möglicherweise noch mit Muscheln besetzt ist, ist das Risiko groß, dass die Schnur beschädigt wird. Da darf man sich nicht wundern, wenn es im Drill zum Schnurbruch kommt. Dann muss eine robuste Schlagschnur her. Darunter verstehe ich eine dicke Monofilschnur in der Stärke 0,50 bis 0,60 Millimeter. Damit hat man auch scharfkantigen Steinen und fiesen Muscheln etwas entgegenzusetzen.

Die Länge der Schlagschnur hängt von den Gegebenheiten am Gewässer ab. Ich verfahre meist folgendermaßen: Ich spule eine komplette Rutenlänge auf, außerdem sollten sich noch drei bis fünf Windungen Schlagschnur auf der Rolle befinden. Gerade beim Nachtangeln hat die Schlagschnur noch einen weiteren Vorteil: In der Dunkelheit ist es beim Drill manchmal schwierig zu ermitteln, wo der Fisch gerade ist, beziehungsweise wie weit draußen er sich noch befindet. Rappelt der Schlagschnurknoten durch die Rutenringe, weiß ich ganz genau, dass der Karpfen nicht mehr weit entfernt ist und kann mich auf die Endphase des Drill einstellen.

Angelt man in gefährlichem Terrain, schaltet man ein Stück dickes Monofilament als Schlagschnur zwischen Hauptschnur und Montage.

### Vorteile Monofil

- Gute Wurfeigenschaften
- Pufferwirkung im Drill
- Allround-Hauptschnur
- In hohem Durchmesser auch als Schlagschnur geeignet

Geflochtene Schnur
hat bei relativ dünnem
Durchmesser eine hohe
Tragkraft.

## Geflecht

Im Gegensatz zu Monofil besteht geflochtene Schnur aus mehreren Fasern. Bis zu 16 Einzelfasern werden zu einer Schnur verflochten. Im Gegensatz zu Monofil ist Geflecht bei gleichem Durchmesser deutlich stärker und weist keine Dehnung auf. Durch die fehlende Dehnung eignet sich geflochtene Schnur für drei Einsatzbereiche: Die Verwendung an der Lotrute, das Anfüttern mit der Futterrakete und das Angeln auf große Distanz.

Lotet man einen Platz aus und tastet mit Hilfe eines Bleis den Gewässergrund ab, überträgt die geflochtene Schnur die Bodenstruktur direkt an den Angler. Kies, Steine und weicher Boden werden durch die fehlende Dehnung sehr gut gefühlt. Beim Anfüttern mit der Futterrakete verwende ich sehr gerne eine dünne, schwimmende Geflechtschnur, weil sie nicht absinkt und die Arbeit der Rakete nicht negativ beeinflusst.

Ein paar Meter Monofilament sorgen beim Angeln mit Geflecht für die nötige Dehnung.

Schnüre im Vergleich:
Links eine geflochtene
Hauptschnur, rechts das
glatte Monofilament.

Auch beim Angeln auf große Distanzen über 200 Meter setze ich eine geflochtene Schnur in Durchmessern von 0,14 bis 0,22 Millimeter ein, weil sie die Bissanzeige deutlich verbessert. Viele Monofilschnüre besitzen dagegen eine Dehnung von etwa 15 Prozent. Da ist die Gefahr groß, dass man gar nicht mitbekommt, dass sich in 300 Meter Entfernung ein Fisch gehakt hat. Bei einer geflochtenen Schnur piepst der Bissanzeiger sofort. Darüber hinaus ist bei Geflechtschnüren nicht der an Monofil auftretende Memory-Effekt zu beobachten, man hat also kaum mit Schnurdrall zu kämpfen.

Allerdings kann die fehlende Dehnung des Geflechts auch zum Nachteil werden – genaugenommen im Drill. Die Gefahr, dass aufgrund des nicht vorhandenen Puffers gerade in der Endphase des Drill ein Fisch ausschlitzt, ist hoch. Aus diesem Grund schalte ich beim Distanzangeln zwischen geflochtene Hauptschnur und Montage etwa 20 Meter Monofil, das als Puffer fungiert. Dadurch lässt sich auch ein weiterer Nachteil der geflochtenen Schnur ausgleichen: ihre nicht gerade gut ausgeprägte Abriebfestigkeit.

Geflecht kommt auch als Schlagschnur zum Einsatz. Der Effekt ist allerdings umstritten.

Dicke geflochtene Schnüre kommen auch als Schlagschnur zum Einsatz. Der Effekt einer geflochtenen Schlagschnur ist allerdings umstritten: Die einen sind der Meinung, dass das raue Geflecht sehr gut fürs Angeln in verkrauteten Gewässern geeignet sei, weil es im Drill das Grünzeug durchschneide. Andere hingegen verneinen diesen Effekt. Ich habe die Erfahrung gemacht, dass man mit einer geflochtenen Schlagschnur zwar Kraut durchtrennen kann, beim Drill mitten im dicksten Kraut verliert aber auch Geflecht seine »Schärfe«.

Als Vorfach wird Geflechtschnur nach wie vor sehr häufig eingesetzt. Der Pluspunkt dieses Materials ist, wie schon erwähnt, seine enorme Geschmeidigkeit, sodass der Karpfen den Köder leicht einsaugen kann.

**Vorteile Geflecht**
- Hohe Tragkraft bei geringem Durchmesser
- Optimal fürs Erkunden eines Gewässers
- Geeignet fürs Distanzangeln

## Fluorocarbon

Fluorocarbon gehört zu den Monofilschnüren und wird häufig beim Raubfischangeln eingesetzt, erfreut sich aber auch bei der spezialisierten Fischerei auf Karpfen wachsender Beliebtheit. Es besitzt in etwa den gleichen Lichtbrechungsfaktor wie Wasser und ist daher nahzu unsichtbar. Daher eignet es sich besonders gut für die Angelei auf erfahrene und vorsichtige Fische. Karpfenangler setzen Fluorocarbon als Hauptschnur und als Vorfachmaterial ein.

Hauptschnur aus Fluoro-
carbon ist für den Fisch
kaum zu erkennen und
sinkt gut ab.

Weil Fluorocarbon deutlich schwerer als normales Monofil ist, sinkt es sehr gut ab. Mit einer Fluorocarbon-Hauptschnur verhindert man, dass die Karpfen mit der Leine in Kontakt kommen und dadurch verschreckt werden. Gerade beim Angeln mit schlaffer Leine werden Hauptschnüre aus Fluorocarbon verwendet. Bei dieser Strategie wird die Schnur nicht gespannt, damit sie nicht als eine Art Barriere durchs Wasser verläuft. Eine Fluorocarbon-Schnur legt sich auf den Gewässergrund  und bietet kein Kontaktrisiko.

Allerdings möchte ich auch zwei Nachteile des Fluorocarbons nicht verschweigen: Es ist nicht so geschmeidig wie herkömmliches Monofil und verfügt über eine geringere Knotenfestigkeit und ist relativ teuer. Man sollte sich also überlegen, ob sich die Investition wirklich lohnt. An schwierigen Seen kann Fluorocarbon mehr Fische bringen, aber an nicht so stark beangelten Gewässern reichen herkömmliches Mono und Geflecht meist aus.

**Vorteile Fluorocarbon**
- Im Wasser nahezu unsichtbar
- Legt sich relativ flach auf den Gewässergrund
- Gute Hauptschnur für stark befischte Seen

## Leadcore

An stark befischten Gewässern reagieren die Karpfen mittlerweile schreckhaft, wenn sie mit der Hauptschnur in Kontakt kommen. Scheinbar können sie damit Gefahr verbinden und suchen verschreckt das Weite. Um Leinenkontakt zu verhindern, kann man zwischen Hauptschnur und Montage ein Stück Leadcore schalten. Dabei handelt es sich um eine extra schwere Schnur, die sich auf den Gewässergrund legt. Leadcore ist in verschiedenen Farben erhältlich, um es an die Farbe des Bodens anpassen zu können.

Es wird mit Hilfe einer Nadel mit der Hauptschnur verspleißt. Da das Spleißen allerdings keine einfache Angelegenheit ist, sind auch fix und fertige Leadcore-Leader erhältlich, die man etwa über eine Schlaufe in Schlaufe-Verbindung mit der Hauptschnur verknüpfen kann. Leadcore ist nicht unumstritten. An einigen Gewässern ist es verboten, weil die Gefahr besteht, dass der Fisch sich daran verletzt.

Leadcore ist ein schweres Material, das sich auf den Gewässerboden legt – optimal für stark befischte Gewässer.

Gregor Bradler mit einem auf große Distanz gefangenen 44-Pfünder.

# Bissanzeiger

Elektronische Bissanzeiger wurden noch vor einigen Jahren von vielen Anglern als überflüssiger Ausrüstungs-Gegenstand angesehen. Ein elektronisches Kästchen, das beim Biss Alarm schlägt, wurde belächelt. So mancher Angler betrachte die elektronischen Bissanzeiger der Karpfenangler sogar als unethisch, schließlich widme man sich einem Hobby in der Natur. Dort hätten solche Geräte nichts zu suchen.

Mittlerweile haben sich die elektronischen Bissanzeiger fest etabliert – nicht nur bei Karpfenanglern. Kein Wunder, denn die Vorteile der Pieper liegen auf der Hand: Beim Ansitzangeln auf Karpfen kann es mehrere Stunden oder manchmal sogar Tage und Nächte dauern, bis ein Fisch den Köder einsaugt. Wer permanent auf die Rutenspitzen starren muss, verliert schnell die Lust am Angeln, besonders in den produktiven Nachtstunden.

Elektronische Bissanzeiger machen das Karpfenangeln komfortabler: Wer den Pieper anschaltet, kann zwischendurch selbst einmal abschalten: Die Natur genießen, Montagen knüpfen, Futter vorbereiten oder einfach mal die Augen schließen.

Je nach Bissanzeiger-modell läuft die Schnur über ein Rädchen oder wird von einem Sensor »abgetastet«.

Es gibt unterschiedliche Technologien der Bisserkennung. Die meisten Pieper sind mit einem Rädchen ausgestattet, über das die Schnur läuft. Wird bei einem Biss Schnur abgezogen, dreht sich das Rädchen und der Bissanzeiger gibt Signal. Moderne Bissanzeiger verfügen über mehrere Einstellmöglichkeiten. Die Lautstärke kann variiert werden, was ein großer Vorteil ist, wenn man direkt an den Ruten sitzt oder sich mehrere Angler am Gewässer befinden. Dreht man die Lautstärke etwas herunter, fällt man nicht vom Stuhl, wenn ein Karpfen Schnur abzieht oder der Nachbar einen Biss zu verzeichnen hat.

Die Einstellung der Sensibilität macht vor allem bei starkem Wind Sinn. Verringert man die Empfindlichkeit, wird bei Windböen kein Fehlalarm ausgelöst. Auch die Tonhöhe lässt sich bei den meisten Modellen individuell einstellen. Ich lasse gerne jeden Bissanzeiger anders klingen. Wenn es piepst, weiß ich genau, an welcher Rute sich die Aktion abspielte. Um die eigenen Nerven und die der Mitangler zu schonen, empfehle ich, den Bissanzeiger erst anzuschalten, wenn die Rute »scharf« ist, also wenn man die Schnur gespannt hat. Es gibt nichts Nervigeres als mitanhören zu müssen, wie der Angelkollege mit angeschaltetem Bissanzeiger die Schnur strafft und es dabei permanent piepst.

Beim Kauf sollte man darauf achten, dass das Gerät aufgrund seiner Verstellmöglichkeiten variabal einsetzbar ist. Robustheit ist ein weiterer wichtiger Faktor. Wählen Sie ein Gerät, das mindestens spritzwassergeschützt, besser noch wasserdicht ist. Sonst kann es passieren, dass der Bissanzeiger bei einem starken Regenschauer oder nach einem unfreiwilligen Bad im Uferwasser den Geist aufgibt.

Funk-Bissanzeiger werden immer häufiger verwendet. Vor einigen Jahren waren diese Geräte, die aus einem Sender und einer Empfän-

Funkbissanzeiger werden meist im Set geliefert.

Moderne Bissanzeiger besitzen viele Einstellmöglichkeiten.

ger-Box bestehen, nur von wenigen Herstellern erhältlich und ziemlich teuer. Mittlerweile hat fast jede Angelgerätefirma Funkbissanzeiger im Programm. Meist sind sie im Set erhältlich: Zwei oder drei Bissanzeiger mit dem dazugehörigen Empfänger. Der Biss wird vom Bissanzeiger auf den Empfänger übertragen, den der Angler immer »am Mann« hat.

Beim Thema Funkbissanzeiger wird häufig die Frage gestellt, ob diese Technik wirklich notwendig sei. Meine Antwort darauf lautet: Funkbissanzeiger sind kein überflüssiger Schnickschnack. Wie hilfreich diese Technologie ist, musste ich bei einem Ansitz während einer Schlechtwetterphase erfahren: Weil es in der Nacht stürmte und regnete, hatte ich in meinem Zelt Unterschlupf gesucht und die Tür verschlossen. Die ganze Nacht heulte der Wind und der Regen prasselte auf das Dach meines Zeltes.

Am Morgen danach öffnete ich die Zelttür und machte mich daran, die Ruten zu kontrollieren. Ich war schon etwas verwundert, dass es in der Nacht keinen Biss gegeben hatte, weil so eine Wetterlage immer für einen Fisch gut ist. Beim Blick auf die linke Rute war mir sofort klar, dass hier etwas nicht stimmen konnte. Auf der Rolle befand sich ungewöhnlich wenig Schnur. Ich nahm die Rute auf und sah, dass die Leine in Richtung eines Schilffeldes zeigte. Dort hatte ich die Montage vor einigen Stunden aber nicht präsentiert. Lösen konnte ich die Montage aus dem Schilf nicht und musste sie schließlich abreißen. Was war passiert?

In der Nacht hatte ein Karpfen den Köder eingesaugt und marschierte mit der Montage los. Obwohl der Bissanzeiger eingeschaltet war und Signal gab, hatte ich im Zelt aufgrund der Außengeräusche (Wind und Regen) den Ton des Bissanzeigers nicht gehört. Schließlich war der Karpfen in ein Schilffeld geschwommen und hatte sich dort unlösbar festgesetzt. Hätte ich zu dieser Zeit schon Funkbissanzeiger verwendet, wäre das nicht passiert. Der im Zelt liegende Empfänger hätte mich informiert und ich hätte diesen Fisch höchstwahrscheinlich auch bekommen. Dieses Erlebnis bewegte mich dazu, in die Anschaffung von Funkbissanzeigern zu investieren.

Die Pieper mit Empfänger haben weitere Vorteile: Man kann eine Rute etwas abseits des Angelplatzes platzieren. Zu groß darf die Entfernung allerdings nicht sein. Schließlich sollte man immer Herr der Lage und im Falle eines Bisses schnell an der Rute sein. Apropos Entfernung: Die Hersteller überbieten sich gegenseitig bei der Reichweite der Funksysteme. Ich habe schon Funkbissanzeiger getestet, die ihr Signal über 200 Meter weit an den Empfänger übertragen. Das ist zwar ein ganz nettes technisches Highlight, aber eigentlich nicht notwendig. Wer sich 100 Meter von der Rute entfernt aufhält, handelt in meinen Augen schon grob fahrlässig, weil er im Ernstfall nicht schnell genug am Ort des Geschehens ist. Meiner Meinung nach ist eine Funkreichweite von 50 bis 100 Metern völlig ausreichend.

Ich setze Funkbissanzeiger auch gerne an Gewässern ein, an denen hoher Angelbetrieb herrscht. Am Bissanzeiger drehe ich die Lautstärke

Elektronische Bissanzeiger in Kombination mit einem Einhänge-Bissanzeiger, hier einem Swinger, halten den Angler auf dem Laufenden, was an der Montage passiert.

dann herunter, so piepst es nur dezent am Empfänger. Auf diese Weise werden meine Mitangler nicht belästigt und es ist nicht jede Person am Gewässer direkt über meine Fangergebnisse informiert.

Damit der elektronische Bissanzeiger in jeder Situation korrekt funktioniert, muss man ihn mit einem Einhänge-Bissanzeiger kombinieren. Mittlerweile gibt es unterschiedliche Varianten davon. Grob kann man sie in Modelle mit einem starren Arm, sogenannte Swinger, sowie Einhänger an einer Schnur oder Kette, auch Hanger genannt, unterteilen. Welche Form von Einhänge-Bissanzeigern man verwendet, ist Geschmackssache, grundsätzlich sind Hanger allerdings sensibler als Swinger.

Es sind auch Swinger und Hanger erhältlich, die sich über einen Stecker mit dem Bissanzeiger verbinden lassen. Bei Aktivität leuchten sie und informieren den Angler optisch noch deutlicher über das, was an der Rute passiert.

Einhänge-Bissanzeiger helfen dabei, einen Fallbiss anzuzeigen. Bei einem Fallbiss flüchtet der Karpfen nach der Köderaufnahme nicht nach vorne oder seitlich von der Rute weg, sondern schwimmt auf den Angler zu. Weil dabei keine Schnur von der Rolle gezogen wird, würde der elektronische Bissanzeiger diese Aktion in den meisten Fällen gar nicht anzeigen. Der in die Schnur gehängte Swinger oder Hanger fungiert bei einem Fallbiss als Gegengewicht und zieht die lockere Schnur herunter und damit rückwärts durch die Rutenringe und den E-Bissanzeiger. Dadurch wird dessen Signal ausgelöst. Damit Swinger oder Hanger funktionieren und einen Fallbiss anzeigen können, müssen sie in die gespannte Schnur eingehängt werden.

Ein weiterer Pluspunkt gerade bei Wind und beim Angeln auf große Distanz besteht darin, dass der Swinger oder Hanger einen Schnurbogen aus der Schnur zieht und so die Bissanzeige verbessert. Dazu spannt man vorsichtig die Schnur, hängt den Bissanzeiger ein und

Hanger sind sensibler als Swinger. Der Kopf befindet sich an einer Schnur oder einer Kette.

Einhänge-Bissanzeiger werden in die gespannte Schnur gehängt und zeigen Fallbisse an.

wartet ein bisschen. Befindet sich ein Bogen in der Schnur, wandert der Einhänger langsam nach unten und strafft die Schnur. Nun kurbelt man etwas Schnur ein und lässt den Swinger oder Hanger erneut seine Arbeit erledigen. Nach einiger Zeit zeigt die Schnur direkt zur Stelle, an der die Montage liegt und man bekommt sofort mit , wenn sich ein Karpfen an der Montage zu schaffen macht. Um den Bogen noch effektiver aus der Schnur zu bekommen, kann man noch ein Blei als Zusatzgewicht am Swinger befestigen. Allerdings sollte man bei dem Zusatzgewicht nicht übertreiben und beim Nachspannen immer vorsichtig zu Werke gehen. Sonst kann es passieren, dass die Montage ungewollt versetzt wird. Gerade beim Distanzangeln und bei Wind ist ein schweres Blei an der Montage Pflicht: 100 oder 110 Gramm sollten nicht unterschritten werden.

Wenn Sie einen Angler sehen, der mit durchhängenden Swingern oder Hangern fischt, macht er entweder etwas falsch oder er angelt mit schlaffen Schnüren. Die Technik, auch Slackline Fishing genannt, ist eine Variante für sehr schwierige Gewässer mit misstrauischen Karpfen. Spannt man die Schnur, läuft sie durchs Wasser zur Montage. Ein vorsichtiger Karpfen könnte die Schnur berühren und verschreckt das Weite suchen. Angelt man mit schlaffen Schnüren, kann sich die Leine auf den Gewässerboden legen und das Kontaktrisiko ist minimiert. Beim Slack Line Fishing kommen meist sensible Hanger zum Einsatz, die feine Zupfer sehr gut anzeigen.

Mehr Gewicht: Ein Zusatzgewicht am Swinger hilft beim Distanzangeln und bei Wind, den Schnurbogen aus der Leine zu ziehen.

# Rutenablage

Eine oder mehrere Karpfenruten einen ganzen Tag lang in der Hand zu halten, ist nicht praktikabel – deshalb muss eine Rutenablage her. Mit den von vielen Friedfisch- oder Raubfischanglern verwendeten herkömmlichen Erdspießen stößt man schnell an seine Grenzen, denn sie sind häufig nicht so stabil, dass sie sich tief genug im Boden verankern lassen. Außerdem kann man an vielen einfachen Erdspießen keinen Bissanzeiger befestigen. Wer intensiv auf Karpfen angelt, braucht entweder spezielle Erdspieße, die Banksticks genannt werden, oder einen so genannten Rod Pod.

## Banksticks

Banksticks sind Erdspieße, die mit einem englischen Gewinde ausgestattet sind, auf das man einen Bissanzeiger oder eine Rutenhalterung, unter Karpfenanglern auch Butt Grip oder Rod Rest genannt, schrauben kann. Die Sticks sind entweder aus Aluminium oder aus Edelstahl gefertigt. Banksticks aus Aluminium haben den Vorteil, dass sie sehr leicht sind. Auf der anderen Seite können sie verbiegen und die Lackierung kann sich mit der Zeit lösen. Edelstahl-Banksticks hingegen sind zwar etwas teurer und schwerer als Modelle aus Aluminium, aber deutlich widerstandsfähiger. Es gibt Banksticks, deren Spitze zusätzlich mit einem Gewinde ausgestattet sind. Mit so einem Spieß ist man bei hartem Boden im Vorteil. Denn das Gewinde lässt sich gut in den Boden drehen.

Auf einen Bank Stick kann man auch Buzzer Bars schrauben. Das sind Ablagen für zwei oder drei Ruten. Wichtig ist, dass man die Banksticks wirklich fest im Boden verankert. So hält der Aufbau auch einem rasanten Karpfenbiss stand.

Ich verwende Banksticks gerne, wenn ich meine Ruten nicht kompakt an einer konzentrierten Stelle, sondern etwas verteilt aufbauen möchte, um verschiedene Plätze zu befischen. Darüber hinaus punkten die Sticks durch ihr geringes Gewicht und ihr kurzes Transportmaß: Man kann sie einfach ins Rutenfutteral packen und platzsparend transportieren.

Auf zwei Banksticks (hier aus Edelstahl) kann man eine Karpfenrute sicher ablegen.

Buzzerbars (oben) erlauben die Ablage von mehreren Ruten.

Rod Pods aus Aluminium sind leicht und lassen sich schnell aufbauen.

Allerdings ist man mit Banksticks auch eingeschränkt, denn sie lassen sich nicht überall einsetzen. An Kanälen sind die Ufer meist betoniert, dort bekommt man keinen Bankstick in den Boden. Aber auch an einigen anderen Gewässern kann man sie nicht oder nur sehr schwer verwenden. Ich kenne beispielsweise einen See mit kiesigem Ufer. Dort bekommt man Banksticks kaum anständig in den Boden. Und abgesehen von der mangelnden Stabilität ist der Rutenaufbau mit schiefen Banksticks alles andere als eine Wohltat fürs Anglerauge. In diesen Situationen kommt man an einem Rod Pod nicht vorbei.

Hier lassen sich die Banksticks tief im Boden verankern – das ist nicht überall der Fall.

Für Trips ins Ausland bieten sich Rod Pods an, mit denen man sich auch auf Extremsituationen einstellen kann.

Ein Rod Pod auf Basis eines Dreibeins ist stabil und variabel einsetzbar.

## Rod Pod

Rod Pods sind Gestelle zur Rutenablage. Ich muss zugeben, dass ich ganz zu Beginn meiner Karpfenangler-Karriere skeptisch gegenüber diesen häufig als »Raketen-Abschussrampen« belächelten Rutenablagen war. Aber irgendwann stieß ich mit meinen Banksticks an die bereits beschriebenen Grenzen. Also legte ich mir mein erstes Rod Pod zu: ein leichtes Modell aus Aluminium.

Als wirklich stabil erwies es sich nicht. Bei den rasanten Bissen am kleinen Fluss flog mir der Pod häufig förmlich um die Ohren und nur mit einer beherzten Rettungsaktion konnte ich verhindern, dass die Rute ins Wasser gerissen wurde. Die mangelnde Stabilität des Rod Pods war auf das geringe Gewicht und die Tatsache zurückzuführen, dass es relativ kompakt war.

Das Risiko des Rutenverlustes nach dem Biss war erst verringert, als ich mir ein Modell aus vergleichsweise schwerem Edelstahl zugelegt hatte, dessen Mittelstange man ausfahren konnte. So konnte ich eine höhere Stabilität beim Angeln auf kurze Distanz erreichen. Hier werden die Unterschiede zwischen Rod Pods aus Aluminium und aus Edelstahl deutlich:

Aluminium ist leicht und lässt sich gut transportieren, Edelstahl hingegen ist deutlich stabiler, aber leider auch etwas teurer als Aluminium.

Kommt es auf Stabiliät an, wie etwa beim Angeln am Fluss und beim Fischen auf kurze Distanz, ist ein schwerer Pod, der ein hohes Gegengewicht bildet, die richtige Wahl. Fische ich hingegen am Baggersee auf mittlere oder größere Distanz, nehme ich gerne ein leichtes Rod Pod. Besonders bei kurzen Ansitzen an Seen schwöre ich auf mein Aluminium-Pod, das mit ein paar Handgriffen aufgebaut ist. Geht es hingegen für längere Zeit an große Gewässer, darf das Rod Pod gerne etwas komplizierter aufzubauen sein, wenn es im Gegenzug dafür ein Plus an Stabilität und Variabilität bietet.

Beim Rod Pod findet man meist zwei Konstruktionsprinzipien: Modelle mit je zwei Beinen vorne und hinten oder als Aufbau mit einem Dreibein als Basis. Welches Prinzip man bevorzugt, ist Geschmackssache. Ich fische beide Varianten, bin aber der Meinung, dass sich ein auf einem Dreibein basierendes Rod Pod variabler einsetzen lässt und auch stabiler ist.

Bei Banksticks gibt es zwei Spitzen-Typen: Mit (links) und ohne Gewinde. Sticks mit Gewinde bieten sich bei hartem Boden an.

Wer seine Ruten im Wasser aufbauen möchte, sollte ein Modell mit langen Beinen wählen.

## Schirm und Zelt

Karpfenangeln findet draußen statt und deshalb ist der Karpfenangler auch den Wetterbedingungen wie Sonne, Wind und Regen ausgesetzt. Wer kein reiner »Schönwetterangler« sein möchte, braucht einen Wetterschutz – also einen Schirm oder ein Zelt. Das Angebot im Fachhandel ist mittlerweile riesig: Vom kleinen Schirm bis hin zum Riesenzelt, das Platz für eine ganze Familie bietet – es gibt eine Behausung für jeden Geschmack. Sicherlich haben alle Schirmsysteme und Zelttypen ihre Daseins-Berechtigung, aber angesichts der Vielfalt stellt sich doch folgende Frage: Welcher Wetterschutz ist der richtige für mich?

Um diese Frage zu beantworten, muss man sich darüber klar werden,

Schirmsysteme oder ein Oval-Schirm sind schnell aufgebaut – ideal für kurze Ansitze.

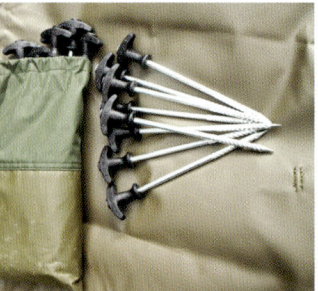

Ausreichend stabile Heringe sind ein Muss, um das Zelt bei Wind und Wetter sichern zu können.

Ein 2-Mann-Zelt bietet ausreichend Platz bei längeren Sessions.

welcher Typ Angler man ist. Wer meist tagsüber oder nur über Nacht am Wasser ist, braucht kein Großraumzelt, das zudem noch relativ viel Zeit für den Auf- und Abbau in Anspruch nimmt. Solchen Kurzzeit-Anglern kann ich einen Oval-Schirm mit Seitenteilen oder ein modernes Schirmsystem ans Herz legen. Der Schirm ist mit Abstand mein am häufigsten genutzter Wetterschutz.

Er passt zusammengebaut in die Außentasche eines Futterals und ist mit Hilfe von zwei langen Banksticks in Windeseile aufgestellt. Aufgrund ihrer ovalen Form kann man darunter sehr gut einen Stuhl oder eine Liege sowie etwas Ausrüstung positionieren. Die fest angebrachten Seitenteile halten Wind und Regen ab. Viele Oval-Schirme werden mit einer

Bodenplane geliefert. Obwohl die Plane für einen sauberen Untergrund sorgt, lasse ich sie in den meisten Fällen zu Hause. So lässt sich der Schirm noch schneller auf- und abbauen. Für ein paar Stunden oder eine Nacht am Wasser ist meiner Meinung nach ein Oval-Schirm am besten geeignet. An einigen Gewässern ist das Aufstellen eines Zeltes mittlerweile zudem komplett verboten. Hier ist der Ovalschirm meist der einzig gestattete Wetterschutz.

Wer einen Oval-Schirm besitzt und etwas länger am Wasser bleiben oder auch bei richtig schlechtem Wetter nicht zu Hause bleiben möchte, kann sich einen passenden Überwurf für den Oval-Schirm zulegen. So wird aus dem Schirm innerhalb kurzer Zeit ein kleines Zelt, das man komplett dicht machen kann.

Apropos dicht: Natürlich sollte der Schirm beziehungsweise das Zeltmaterial wasserdicht sein. Kriterium hierfür ist die Wassersäule. Der Wert der Wassersäule wird in Millimetern angegeben und bezeichnet vereinfacht ausgedrückt den Druck, den das Material aushalten kann, ohne Wasser durchzulassen. Die Hersteller von Zelten überbieten sich in letzter Zeit gegenseitig mit immer höheren Angaben zur Wassersäule. In der Literatur findet man die Angabe, das Zeltmaterial ab einer Wassersäule 2000 Millimeter als wasserdicht zu bezeichnen.

Alternativ zu meinem Oval-Schirm verwende ich bei kurzen Ansitzen häufig ein 1-Mann-Zelt. Auch bei diesem kleinen Zelt ist mit ein kompaktes Transportmaß und eine möglichst kurze Aufbauzeit wichtig. Generell kann man festhalten, dass moderne Zelte meist mit einem vorinstallierten Gestänge ausgestattet sind. Die Streben müssen nur noch zusammengesteckt werden. Diese Konstruktion erleichtert den Aufbau ungemein. Die Zeiten, in denen man jede Zeltstange einzeln durch die Laschen schieben musste, sind glücklicherweise vorüber.

Gerade im Frühjahr und im Herbst sind die Nächte oft feucht und das Zelt oder der Schirm werden bis zum Einpacken am Morgen meist nicht trocken. Man sollte einen feuchten Schirm oder ein nasses Zelt unbedingt zu Hause aus dem Transportbeutel oder dem Futteral nehmen und trocknen. Nichts ist unangenehmer, als beim nächsten Ansitz ein nasses Zelt aufzubauen und danach in einer »Tropfsteinhöhle« zu sitzen.

Gerade bei einem Schirm kommt es darauf an, wie er aufgebaut wird. Denn der offene Wetterschutz bietet dem Wind eine große Angriffsfläche. Bei stärkerem Wind besteht die Gefahr, dass der Schirm einfach davongeweht wird. Ich kann mich noch gut an eine stürmische Nacht erinnern, in der ich auf der Liege saß und den Schirm mit den Händen festhielt. Diese Nacht kam mir sehr, sehr lang vor, denn an ein Nickerchen war nicht zu denken. Zu groß war die Gefahr, dass der Wind meinen Oval-Schirm einfach zerlegen würde.

Schirm und Zelt sollte man also immer gegen den Wind aufbauen, sodass die Öffnung der Zelttür nicht im Wind steht. Ein weiterer Vorteil dieser Aufbauweise besteht darin, dass man nicht so stark dem Regen ausgesetzt ist.

Bei modernen Zelten ist das Gestänge vorinstalliert. Die Elemente müssen nur noch zusammengesteckt werden.

Wasserdichtigkeit ist besonders wichtig. Ein nasses Zelt sollte man zu Hause trocknen lassen.

Neben dem Schirm und 1-Mann-Zelten gibt es die Gruppe der 2-Mann-Zelte. Diese Zelte sind etwas für Angler, die mehrere Tage am Wasser bleiben oder auch zum Karpfenangeln verreisen. Sie bieten mehr Platz für Ausrüstung und Verpflegung. Auch wenn diese Behausungen als 2-Mann-Zelte verkauft werden, würde ich bei längeren Trips nicht zu zweit darin »wohnen«. Denn für zwei Leute ist das Platzangebot doch etwas beschränkt.

Nutzt man ein 2-Mann-Zelt alleine, kann man beispielsweise auch einen Stuhl im Zelt aufstellen. Man glaubt es kaum, aber ein Stuhl im Zelt ist bei mehrtägigen verregneten Angeltouren eine echte Wohltat. Haust man mehrere Tage bei Dauerregen zu zweit in einem Zelt und ist sozusagen an die Liege gefesselt, macht der Ansitz nicht wirklich Spaß. Darüber hinaus ermöglicht ein eigenes Zelt ein gewisses Maß an Privatsphäre. Selbst wenn man mit einem guten Angelkollegen unterwegs ist: Nach ein paar Tagen weiß man ein kleines persönliches Rückzugsgebiet zu schätzen.

Wenn ich mit einem Freund für längere Touren unterwegs bin und die Angelplätze sowie die Bestimmungen es ermöglichen, halten wir es immer so, dass jeder von uns ein 2-Mann-Zelt einpackt. Darüber hinaus haben wir noch einen Oval-Schirm dabei, den wir gegebenenfalls aufstellen, um uns auch bei Regen draußen aufhalten zu können. Größere Zelte sollte man gerade bei längeren Ansitzen mit ausreichend vielen Heringen gegen Wind sichern.

Eine noch recht neue Erscheinung sind die Großraumzelte. Sie haben nahezu Standhöhe und bieten Platz für drei oder mehr Liegen nebst Ausrüstung. Diese Riesenzelte nehmen so viel Platz ein, dass man sie an den meisten »freien« Gewässern nicht aufstellen kann oder darf. Auch ich besitze solch eine XXL-Behausung, muss aber ehrlich eingestehen, dass ich es nur selten aufbaue.

Aber auch diese Großraumzelte haben ihr Einsatzgebiet, etwa an manchen Pay Lakes oder anderen großen Seen im Ausland. Dort ist das Aufbauen solcher Zelte möglich, die ein Höchstmaß an Komfort für einen Angelurlaub bieten.

XXL geht auch: Großraumzelte bieten ein Höchstmaß an Komfort, eignen sich aber nicht für jedes Gewässer.

# Liege, Stuhl und Schlafsack

Bis ein Karpfen den Köder nimmt und der Drill beginnt, kann Zeit vergehen: Manchmal nur ein paar Minuten, aber häufiger dauert es mehrere Stunden, bis der Bissanzeiger kreischt. Und weil man die Wartezeit nicht auf dem Boden sitzend verbringen möchte, braucht der Karpfenangler eine anständige Sitzgelegenheit: den Karpfenstuhl. Hier variiert das Angebot zwischen einem kompakten und leichten Stuhl bis hin zu einem breiten und dick gepolsterten Modell mit verstellbarer Rückenlehne und Kopfkissen, das schon fast das Prädikat Fernsehsessel verdient. Natürlich nimmt ein großer und bequemer Stuhl auch viel Platz im Kofferraum des Autos ein und man muss ihn auch erst einmal ans Wasser tragen. Dafür kann man bequem auf ihm sitzen und auch ein entspanntes Nickerchen halten.

Wie bei so vielen anderen Dingen muss man einen Kompromiss finden. Ich verwende gewöhnlich einen kompakten Stuhl, der sich flach zusammenklappen lässt und über eine Polsterung mittlerer Stärke verfügt. Die Sitzgelegenheit mit einem Höchstmaß an Komfort kommt nur bei langen Ansitzen zum Einsatz. Für mehrere Tage lohnt es sich, den doch etwas sperrigen Stuhl ans Wasser zu transportieren.

Bei längeren Ansitzen oder wenn über Nacht gefischt, möchte man sich gerne mal »lang machen« und die Augen schließen. Das geht auf einem Stuhl nur sehr begrenzt, deshalb sollten sich Anhänger des Nachtangelns eine Karpfenliege, auch unter der Bezeichnung Bedchair bekannt, zulegen.

Wie beim Stuhl gibt es auch bei den Liegen unterschiedliche Modelle mit mehr oder weniger Komfort. Wie beim Stuhl muss man auch beim

Absolut bequem: ein großer Stuhl mit dicker Polsterung und Armlehnen.

Ob Stuhl oder Liege – ausfahrbare Beine und breite Füße ermöglichen ein Aufstellen in unebenem Terrain.

Mit einem bequemen Bedchair machen das Angeln und Warten auf den Biss richtig Spaß.

Bedchair abwägen, wie viel Komfort man braucht beziehungsweise wie viel Gewicht man tragen möchte. Denn eine lange und breite Liege mit stabilem Rahmen und dicker Polsterung bringt ordentlich Gewicht auf die Waage. Liegt der Angelplatz ein gutes Stück vom Angelplatz entfernt, muss man schon ordentlich Kraft und Schweiß investieren, bis das Bedchair an der gewünschten Stelle steht.

Ich kenne einen Angler, der schwört auf eine spartanisch ausgestattete, aber sehr leichte Liege, weil er sie besser tragen kann. Dieses Bedchair ist relativ klein und nur mit einer dünnen Matte bespannt, und besitzt lediglich vier Füße. Eine den Rahmen überlappende Polsterung fehlt. Mit diesem Leichtgewicht macht man sich auch auf den Weg an eine weit entfernte Stelle, die von Karpfenanglern nicht so stark frequentiert ist und somit mehr Fisch bringt.

So viele Vorteile solch eine spartanische Liege auch hat, mein Fall ist sie nicht. Was den Schlaf angeht, bin ich ziemlich empfindlich. Auf einer unbequemen Liege mache ich kein Auge zu. Eine Nacht, in der man sich von einer Seite auf die andere dreht und die Beine oder Arme auf dem Metallrahmen liegen, ist für mich der absolute Horror – besonders wenn man am nächsten Tag eventuell noch zur Arbeit muss oder familiär eingespannt ist. Und auch ein mehrtägiger Ansitz, bei dem man ständig unausgeschlafen ist und sich mit Rückenschmerzen herumplagt, ist keine Freude.

Deshalb achte ich bei der Liege auf Komfort: Eine dicke wärme-isolierende Polsterung, die auch über den Rahmen verläuft, sechs höhenverstellbare Füße für Standfestigkeit und eine waagerechte Positionierung – das ist Pflicht. Die Liegefläche sollte straff gespannt sein, damit man nicht »durchhängt«.

Dieser 5-Season-Schlafsack eignet sich für kalte Nächte. Im Sommer reicht ein dünneres Modell.

Eine verstellbare Rückenlehne ist ein weiteres Ausstattungsmerkmal, auf das ich nicht verzichten möchte. Weil ich häufig auf dem Bauch liegend schlafe, muss sich bei einer für mich in Frage kommenden Liege das Kopfteil so einstellen lassen, dass die Liegefläche komplett eben ist. Aber das ist Geschmacksache, es gibt auch viele Angler, die auf dem Rücken liegen. Da ist dieser Faktor nicht so ausschlaggebend.

Für ein richtig gutes Bedchair muss man Geld investieren, aber das ist es mir wert. Ich denke, dass mein Rücken es mir irgendwann danken wird. Wer im heimischen Bett ein Kopfkissen benutzt, sollte sich auch ein Kissen mit ans Wasser nehmen. Das erhöht den Liegekomfort enorm.

Zur Liege gehört natürlich auch ein Schlafsack. Auch auf diesem Gebiet ist das Angebot groß. Von Schlafsäcken aus dem Bergsteiger- und Wanderbedarf rate ich ab. Denn dabei handelt es sich meist um sogenannte Mumien-Schlafsäcke. Diese Modelle sind an den Beinen sehr eng geschnitten, um den Körper gegen Auskühlen zu schützen. Mir sind diese Schlafsäcke einfach zu eng und unbequem. Für Karpfenangler gibt es breite Schlafsäcke mit ausreichend Platzangebot.

Für Frühjahr, Spätherbst und Winter besitze ich ein 5-Season-Modell. Das ist ein dick gefütterter Schlafsack, in dem einem auch bei Minusgraden nicht kalt wird. Im Sommer würde man in solch einer Pelle schwitzen, deshalb habe ich für die warmen Nächte noch einen relativ dünnen 3-Season-Schlafsack, den ich in besonders lauen Sommernächten nur als Decke benutze. Vorteil des dünnen Schlafsacks: Man kann ihn am Ende des Ansitzes mit der Liege zusammenklappen. Von Vorteil ist, wenn an beiden Seiten des Schlafsacks leichtgängige Reißverschlüsse angebracht sind. Das erleichtert das »Aussteigen« beim Biss.

Leichtgängige Reißverschlüsse garantieren, dass man beim Biss schnell an der Rute ist.

# Kescher, Abhakmatte und Karpfensack

Den Karpfen an den Haken und in Ufernähe zu bekommen, ist nur die halbe Miete. Man muss ihn auch landen und versorgen. Auch dafür gibt es mittlerweile unterschiedliche Gerätschaften und Hilfsmittel, die ich nachfolgend vorstelle.

Ein Karpfenkescher muss groß sein, damit die Landung eines Kapitalen nicht zur Zitterpartie wird.

Aufklappbare Abhakmatten sind praktisch, aber nicht ganz ohne Risiko für den Fisch.

## Kescher

Wenn ich am Wasser meinen Kescher auspacke, werde ich von Nicht-Karpfenanglern häufig belächelt. »Was willst Du denn damit keschern – einen Wal?«, so oder ähnlich lauten die Kommentare. Zugegeben, Karpfenkescher fallen etwas größer als ein herkömmlicher Klappkescher für die Landung einer Forelle oder eines Zanders. Aber das hat seinen Grund: Karpfen werden im besten Fall deutlich größer und schwerer als eine Regenbogenforelle.

Mit Schrecken denke ich an meine Anfängerzeiten zurück, als die Größe der gefangenen Karpfen zunahm, aber nicht das Ausmaß des Ke-

Ein Auftriebskörper, den man auf den Kescherstock schieben kann, sorgt dafür, dass der Kescher nicht versinkt.

schers, den ich verwendete. Einen 20-Pfünder einzunetzen, erwies sich häufig als ziemlich riskantes Unternehmen. Der Vorgang glich eher einem hektischen »Schaufeln« als einer kontrollierten Landung. So manchen größeren Fisch habe ich vor dem Kescher verloren, weil das Netz einfach zu klein war. Wenn sich ein Kapitaler in der letzten Phase des Drills noch verabschiedet, ist das der absolute Super-GAU für den Karpfenangler. Deshalb kann der Kescher eigentlich gar nicht groß genug sein.

Kescher fürs Karpfenangeln haben eine Bügellänge von etwa 1 bis 1,10 Meter. Diese Länge hat sich als sehr praktikabel erwiesen. Das Netz ist noch gut zu handhaben und bietet ausreichend Platz für einen großen Fisch. Ich habe die Erfahrung gemacht, dass ein sehr tiefes Keschernetz hinderlich ist. Befindet sich solch ein Netz im Wasser, wird es ziemlich schwer. Das bedeutet, dass man nicht so gut reagieren und nicht so schnell das Netz bewegen kann, wenn es erforderlich ist. Das gilt besonders, wenn man alleine ist und den Karpfen selbst einnetzen muss. Hat man nur eine Hand für den Kescher frei, macht sich das zusätzliche Gewicht eines tiefen Netzes bemerkbar. Deshalb achte ich beim Kauf darauf, dass das Netz ausreichend, aber nicht überdimensioniert tief ist.

Um den Karpfen sicher einnetzen zu können, sollte man ein Stück ins Wasser gehen. Dazu braucht man außer im Hochsommer eine Wathose oder Watstiefel. Den Kescher muss man natürlich auch mitnehmen. Wer schon einmal im Wasser stehend gedrillt hat, wird sich nach einiger Zeit wahrscheinlich gefragt haben, wo auf einmal der Kescher ist, der gerade noch neben dem Angler auf der Wasseroberfläche lag.

Hier wird das Problem vieler Keschermodelle deutlich: Sie versinken im Wasser. Je nachdem wie tief es ist, kann es schon etwas problematisch werden, das Netz zu greifen. Wer im trüben Wasser nach dem Kescher suchen muss, konzentriert sich nicht mehr auf den Drill, und das kann einen im schlimmsten Fall den Fisch kosten.

Abhilfe schafft ein Auftriebskörper, der auf den Kescherstab geschoben und am Kescherkreuz platziert wird. Diese Auftriebskörper gibt es unter der Bezeichnung »Net Float« im Fachhandel zu kaufen. Es geht aber auch günstiger: Ein Stück Rohrisolierung aus dem Baumarkt kann ebenfalls als Auftriebsmaterial benutzt werden. Außerdem gibt mittler-

Durch eine Umrandung kann der Karpfen nicht von der Matte rutschen.

Die Carp Cradle ist ein Gestell, in dem der Karpfen über dem Boden hängt.

weile auch Kescher, die so konstruiert sind, dass sie von selbst schwimmen. So ist das Netz immer griffbereit und man kann sich seinen Fang im richtigen Moment sichern.

## Abhakmatte

Eine schonende Behandlung des Fisches ist Pflicht, schließlich soll der Fisch nach dem Abhaken, Wiegen und Fotografieren zurückgesetzt werden. Damit der mit Hilfe des Keschers gelandete Karpfen abgelegt werden kann und sich nicht verletzt, gibt es Abhakmatten in unterschiedlichen Ausführungen- von der faltbaren Matte, über eine aufblasbare Ablage bis hin zu einer Konstruktion mit einem Gestell.

Mehrfach zusammenfaltbare Ausführungen dieser gepolsterten Unterlagen haben den Vorteil, dass sie sich leicht transportieren lassen. Allerdings muss man hier extrem aufmerksam sein, wenn sich ein Fisch darauf befindet. Denn sie besitzen keine erhöhte Umrandung. Beginnt der Fisch zu zappeln, kann er leicht von der Matte rutschen. Sicherer sind Matten mit einer Umrandung und einer Abdeckung. Darin liegt der Fisch sicher und man kann ihn mit Hilfe der Abdeckung ruhig stellen. Diese Matten sind zwar etwas sperriger als die zusammenfaltbaren Modelle, bieten aber ein Höchstmaß an Sicherheit. Außerdem lässt sich so ein Modell auch noch für den Transport von Angelgerät zum und vom Angelplatz verwenden.

Aufblasbare Abhakmatten eignen sich besonders für Angler, die ihren Fang gerne im Wasser stehend abhaken und fotografieren. Denn diese Matten saugen sich nicht mit Wasser voll und schwimmen auf der Oberfläche.

Carp Cradles (zu deutsch »Karpfenwiegen«) sind gepolsterte Gestelle, in die man einen Fisch hineinlegen kann. Der Karpfen liegt nicht auf dem Boden, sondern schwebt geradezu darüber. Aufgrund ihrer Konstruktion hat der Fisch keine Chance herauszurutschen. Weil viele Cradles aufgrund des Gestells vergleichsweise schwer und sperrig sind, eignen sie sich meiner Meinung nach nur für einen längeren Ansitz. Bei kurzen Sessions oder wenn man flexibel bleiben möchte, ist eine faltbare Matte oder eine Matte mit Umrandung deutlich praktischer.

Egal welches Mattenmodell man verwendet: Die Unterlage sollte angefeuchtet sein und auch der Fisch sollte feucht gehalten werden. Dass man den Karpfen selbstverständlich nicht länger als nötig außerhalb des Wassers lassen sollte, sei hier noch einmal ausdrücklich erwähnt.

## Karpfensack

Ein schönes Erinnerungsfoto des Anglers mit seiner Beute ist die Krönung einer gelungen Session. Häufig beißen die großen Karpfen nachts, aber in der Dunkelheit ein Foto zu machen, ist nicht optimal. Tagsüber fällt das Fotografieren leichter und auch das Ergebnis sieht bei Tageslicht meist deutlich besser aus.

Aufblasbare Matten schwimmen auf der Wasseroberfläche.

In einem ausreichend großen Karpfensack lässt sich der Fisch kurzzeitig hältern.

Um einen in den Nachtstunden gefangenen Fisch bis zum Morgen zu hältern, gibt es so genannte Karpfensäcke. Man sollte sich vor dem Gebrauch dieser Säcke erkundigen, ob das Hältern des Fanges am jeweiligen Gewässer gestattet ist. Bei einem Karpfensack sollte man auf jeden Fall darauf achten, dass er groß genug ist, um auch einen kapitalen Fisch aufzunehmen. Das Netzmaterial sollte einen guten Wasseraustausch ermöglichen. Ein Reißverschluss erleichtert das Öffnen und Schließen. Man sollte den Reißverschluss unbedingt in einem Clip sichern, damit er sich nicht unbeabsichtigt öffnet. Karpfensäcke ohne Reißverschluss sollte man nicht nur mit der dazugehörigen Kordel festzurren, sondern auch unbedingt einen Knoten in den Sack machen, der die Öffnung verschließt.

Mehrfach habe ich schon Angelkollegen erlebt, die morgens einen leeren Karpfensack aus dem Wasser holten. Sie hatten ihn nicht mit einem Knoten gesichert. Der Fisch war in der Nacht permanent gegen das zugezogene Ende geschwommen, der lediglich festgezurrte Sack hatte sich geöffnet und der Karpfen hatte sich verkrümelt.

Gerne verwende ich eine Kombination aus Wiege- und Hälterungssack. So muss ich den Fisch nicht umpacken, sondern kann ihn nach dem Wiegen direkt ins Wasser verfrachten, wo er auf seinen Foto-Termin wartet. Beim Hältern muss darauf geachtet werden, dass sich der Fisch in ausreichend tiefem Wasser befindet (mindestens 1 Meter). Sonst kann sich der Fisch am Boden verletzten oder es kann gerade in den Sommermonaten zu Sauerstoffmangel kommen.

Der Sack muss sicher befestigt werden, entweder an einem im Wasser befindlichen Bankstick oder einem stabilen Ast oder einer Wurzel. Löst sich der Karpfensack und wird vom Angler nicht mehr gefunden, ist der Karpfen dem Tod geweiht. Und ganz wichtig: Der Fisch sollte nicht unnötig lang gehältert werden. Ein paar Stunden sind in Ordnung, ein Tag ist definitiv zu lang.

Das ist ein Desinfektionsmittel zum Behandeln der Maulpartie, an welcher der Haken gesessen hat.

Ein schönes Erinnerungsfoto mit dem Fang ist die Krönung eines gelungenen Ansitzes.

## Tasche, Rucksack und Futteral

Wer dieses Buch bis hierhin gelesen hat, wird sicher bemerkt haben, dass der Karpfenangler oft eine Menge Ausrüstung ans Wasser transportiert. Die notwendigen kleinen und großen Gegenstände müssen irgendwo untergebracht werden.

Ein herkömmliches 12 ft (3,60 Meter) langes Futteral für den Transport von Karpfenruten.

Select-Systeme verfügen über mehrere Einzeltaschen für Ruten.

Ein großer Rucksack erleichtert den Transport von Ausrüstung an weit entfernt gelegene Angelplätze.

Stauraum für Ruten bieten Futterale. Die Rutenbehälter im Karpfenbereich sind entweder 12 oder 13 ft (3,60 Meter beziehungsweise 3,90 Meter) lang – passend für die jeweilige Länge der auseinander gezogenen Rutenteile. In den aufgesetzten Außentaschen kann man Kescher, Rod Pod, Banksticks und einen Schirm unterbringen. Der Schultergurt sollte unbedingt dick gepolstert sein, sonst wird ein längerer Gang zum Angelplatz zur Qual.

Man unterscheidet herkömmliche Futterale, in denen mehrere Ruten untergebracht werden, und sogenannte Select- oder Quiversysteme. Bei den Select-Futteralen findet man eine Haupttasche und mehrere Einzeltaschen, in denen die Ruten einzeln platziert werden. Je nach Bedarf klickt man die Anzahl der mit Ruten gefüllten Einzelfutterale an die Haupttasche und ist so flexibel. Die Select-Systeme haben viele Anhänger, ich setze aber lieber auf ein herkömmliches Futteral. Der Grund ist ganz einfach: Es ist mir zu viel Fummelei, nach dem Angeln jede Rute in eine Tasche zu verpacken. Bei einem normalen Futteral geht das Verpacken der Ruten meiner Meinung nach deutlich schneller.

Zum Transportieren weiterer Ausrüstungs-Gegenstände, wie Bissanzeiger, Kleinteil-Boxen und Köder, gibt es Rucksäcke und Taschen, so genannte Carryalls. Rucksäcke bieten sich an, wenn man weite Strecken bis zur Angelstelle zurücklegen muss. Ich habe einen 110-Liter-Rucksack mit mehreren Außentaschen, in dem man richtig viel unterbringen kann. Wichtig ist stabiles Material, das auch bei Belastung nicht reißt, sowie gepolsterte Schultergurte. Gerade bei großen Rucksäcken ist ein Bauchgurt von Vorteil. Er stabilisiert den Rucksack und erhöht den Tragekomfort.

Manche Modelle sind mit einer Haube ausgestattet, die man bei Regen über den Rucksack ziehen kann. So wird der Inhalt vor Feuchtigkeit geschützt. Eine weitere Möglichkeit sind Carryalls. Auch diese Tragetaschen sind in verschiedenen Größen erhältlich.

Ein Carryall bietet Platz für unterschiedliche Ausrüstungsgegenstände.

# Wichtige Helfer

Die Anzahl an weiteren Ausrüstungsgegenständen fürs Karpfenangeln ist groß, so dass sie den Rahmen dieses Buches sprengen würden. Deshalb möchte ich an dieser Stelle nur noch auf einige wichtige Helfer eingehen, die sich bei mir in den letzten Jahren als unverzichtbar herauskristallisiert haben.

## Transportwagen

Bei längeren Ansitzen nimmt man doch eine große Menge an Ausrüstung mit: Zelt, Rutenfutteral, Rod Pod, und Verpflegung bekommt man kaum getragen. Damit der Weg vom Auto ans Wasser nicht zu einer schweißtreibenden Angelegenheit wird oder ich gegebenenfalls mehrfach gehen muss, habe ich einen Transportwagen im Kofferraum.

Auf diesen Wagen, der auch als Trolley bezeichnet wird, kann ich meine Ausrüstung packen und sie vergleichsweise entspannt ans Wasser schieben. Der Rahmen des Trolleys sollte stabil und ausfahrbar sein. So macht das Material nicht so schnell schlapp und man kann die Auflagefläche bei Bedarf vergrößern. Große Räder erleichtern das Schieben, ein mit zwei Reifen ausgestatteter Wagen kippt nicht so schnell um, auch wenn er hoch beladen ist.

Ein Trolley ermöglicht den Transport größerer Mengen an Ausrüstung.

## Stirnlampe

In der Nacht braucht der Angler Licht – zum Beködern, Knüpfen von Rigs, Drillen und Abhaken des Fisches. Mit einer Stirnlampe hat der Angler beide Hände frei. Moderne Modelle mit LED-Technologie sind hell und verbrauchen wenig Energie. Trotzdem sollte man für den Fall der Fälle immer ein paar Ersatzbatterien dabei haben.

Die Stirnlampe sorgt für Licht und der Angler hat beide Hände frei.

## Schnelle Schuhe

Wenn man im Schlafsack liegt und auf einmal der Bissanzeiger kreischt, muss man sich erst einmal aus der wärmenden Pelle schälen und in die Schuhe. Je nach Schuh kann es schon ziemlich lange dauern, bis man an der Rute ist. Deshalb habe ich immer ein Paar Gummischlappen dabei, in die ich bei einem Biss in Windeseile schlüpfen kann. Die schnellen Schuhe haben mir schon so manchen Fisch gebracht, der sich etwas später in ein Hindernis verkrümelt hätte.

Mit diesen Schuhen ist man schnell an der Rute.

## Bivvy Table

Ein kleiner Klapptisch, der unter der Bezeichnung Bivvy Table angeboten wird, ist eine gute Ablagefläche für wichtige Utensilien, die nicht
dreckig werden dürfen und griffbereit sein müssen. Dazu zählen etwa
Buch, Schlüssel, Kleinteileboxen, Köder oder Handy.

Das Bivvy Table ist eine
praktische Ablagefläche
für wichtige Ausrüs-
tungsteile.

## Falteimer

Einen Falteimer kann man vielseitig einsetzen: Zum Transportieren und Anmischen von Futter, fürs Wasser mit dem man einen gefangenen Karpfen feucht hält oder als Behälter für nasse Karpfensäcke. Und das Beste: Der Eimer lässt sich, wie sein Name schon andeutet, flach zusammenfalten und nimmt nicht viel Platz weg – ein absolutes Muss für den Karpfenangler.

Ein Falteimer ist universell einsetzbar und lässt sich flach zusammenlegen.

# Wo, wann und wie – Erfolgs-Strategien

Über das Auffinden der Karpfen, die sogenannte Location, wurde und wird viel geschrieben. Auch wann die besten Fangzeiten sind, ist ein ständiges Diskussionsthema unter Karpfenanglern. Das leuchtet ein: Denn nur wer an einem Platz seine Köder auslegt, den die Karpfen zur Angelzeit auch aufsuchen, kann erfolgreich sein.

Was den Gewässertyp betrifft, gibt es verschiedene Geschmäcker: Die einen favorisieren kleine Fließgewässer und überschaubare Baggerseen, die anderen konzentrieren sich auf Kanäle, wieder andere auf große Flüsse und nicht wenige Karpfenangler befischen bevorzugt große Stauseen im Ausland.

Auch bei den vermeintlichen Hotspots und den Beißzeiten gehen die Meinungen auseinander: »Am Seerosenfeld in den Morgenstunden«, behaupten die einen. »Nein, besser nachts auf dem in 80 Meter Entfernung gelegenen Plateau«, halten die anderen dagegen. Bei so vielen unterschiedlichen Vorlieben und verschiedenen Meinungen kommt leicht Verwirrung auf: Welches Gewässer sollte man auswählen und wann sollte man welche Stelle befischen? Zu dieser Frage könnte man nicht nur ein, sondern gleich mehrere Bücher schreiben. Und universal gültige Antworten zu geben, fällt schwer. Um in kompakter und strukturierter Form Anregungen für die Gewässer- und Stellenwahl geben zu können, habe ich die verschiedenen Gewässertypen nach Schwierigkeitsgrad kategorisiert.

Kleine Seen mit überschaubarer Wasserfläche sind für gewöhnlich recht einfach zu befischen.

## Kleingewässer – ideal für den Beginn

Wie bereits an anderer Stelle beschrieben, begann ich an einem kleinen Fluss mit dem Karpfenangeln. Das erwies sich als förderlich für meine Leidenschaft, denn ich kam hier relativ schnell zum Erfolg. Genau das braucht man als Anfänger: Erfolgserlebnisse, die einen dazu motivieren, neues auszuprobieren. Hätte ich nach zwei, drei Ansitzen mit Boilies und Festbleimontage keinen Fisch gefangen, wäre ich wahrscheinlich zu meinen bewährten Friedfisch-Methoden zurückgekehrt.

Teiche, kleine Seen und relativ schmale Flüsse sind das ideale Terrain für den Anfänger. Warum? Weil die Wasserfläche überschaubar ist und man interessante Stellen verhältnismäßig einfach ausfindig machen kann. An »meinem« kleinen Fluss war es ein Platz, der im Strömungsschatten eines Krautfeldes lag. Dieser Platz fällt dem Angler auch ohne Fernglas, Lotpose oder Echolot sofort ins Auge. Und weil der Fluss nicht breit ist, standen die Chancen gut, dass dort im Laufe des Tages der eine oder andere Karpfen vorbeikommen würde.

Wer die Augen offenhält, wird am kleinen Fluss weitere interessante Stellen finden, an denen es sich lohnt, die Montage auszuwerfen – etwa eine Kurve im Flusslauf. Der Außenbereich der Kurve ist meist ausgespült und deshalb ziemlich tief. Solche tiefen Zonen ziehen Karpfen an wie ein Magnet.

Weitere Top-Plätze sind Bacheinläufe oder Einmündungen von kleinen Nebenarmen. Hier kommt frisches Wasser in den Fluss und auch natürliche Nahrung. Wer sich einen Tag Zeit nimmt und das Ufer abgeht oder mit dem Fahrrad abfährt, wird sicherlich gleich mehrere interessante Stellen finden. Das ist Location in einfachster Form – dafür braucht man kein Karpfenprofi zu sein. Darüber hinaus muss man an einem kleinen Fluss auch kein Wurfkünstler sein: Ein lockerer Überkopf- oder sogar ein Unterhandwurf reichen aus, und schon liegt die beköderte Montage dort, wo sie hin soll.

Dieser Hotspot fällt ins Auge: eine kleine Insel. Hier kommen garantiert ein paar Karpfen vorbei.

Schönes Schuppi-Duo
aus einem kleinen See.

Kleine Seen oder Teiche sind ebenfalls passende Gewässer für den Einsteiger. So ein Gewässer befindet sich ein paar Kilometer von meinem Heimatort entfernt. Auch dort war ich in meiner Anfangsphase aktiv. Die Überschaubarkeit des Gewässers machte es für mich attraktiv, weil ich mir hier nicht so verloren vorkam, wie an einem riesigen Stausee im Ausland.

Auch hier waren die guten Stellen ersichtlich, etwa der kleine Strand, an dem die Spaziergänger regelmäßig Enten fütterten. Hier flogen regelmäßig Brotstücke ins Wasser und wenn das Federvieh satt oder unaufmerksam war, konnte man beobachten, wie plötzlich ein Schatten im grünlichen Wasser auftauchte und sich auf das Brotstück zubewegte. Sekunden später gab es einen Schwall und das Brot war von der Wasseroberfläche verschwunden. Dass sich die Karpfen in der Nähe dieses Buffets aufhalten würden, lag auf der Hand. Entsprechend erfolgreich gestaltete sich das Angeln an dieser Stelle.

Fisch gefunden und schon
ist die Rute krumm.

An kleinen Flüssen sind Außenkurven ganz heiße Angelstellen.

Seerosenfeld und Einmündung eines Nebengewässers – hier riecht es nach Karpfen.

Ein weiterer lag in der Mitte des Gewässers: Eine kleine Insel, die von ein paar Enten bewohnt wurde. An den sandigen Kanten der Insel sah man die Karpfen entlang schwimmen. Früh morgens machten die Karpfen dort sogar durch Rollen und Springen auf sich aufmerksam.

Es galt, die Montage nah an die Insel heran zu werfen. Hier zeigte sich auch, dass die Karpfen das Flachwasser nicht scheuen, wenn sie sich dort sicher fühlen. Ich weiß noch gut, wie ich die Insel zusammen mit einem Freund befischte. Im Morgengrauen hatten wir die Montagen an die Insel heran geworfen. Als die ersten Strahlen der aufgehenden Sonne auf das Wasser fielen, sprang ganz nah am Ufer ein Karpfen komplett aus dem Wasser und klatschte wieder auf die Wasseroberfläche. Wenige Minuten später heulte der Bissanzeiger auf und mein Angelkollege drillte einen schönen Schuppi in der 20 Pfund-Klasse.

Ein wichtiges Hilfsmittel für das Auffinden fängiger Plätze an jedem Gewässertyp ist die Polarisationsbrille. Sie entspiegelt die Wasseroberfläche und ermöglicht aufschlussreiche Einblicke ins Wasser. So entdeckten wir auch ein kleines Plateau in der Mitte des Gewässers.

Besteht die Möglichkeit, auf einen Baum zu klettern, gelingt das Erspähen von auffälligen Bodenstrukturen. Plateaus sind immer ein Hotspot fürs Karpfenangeln. Diese Bodenerhebungen bieten Nahrung, etwa in Form von Muscheln, Schnecken oder Kleinstlebewesen. Auch auf diesem Plateau konnten wir gute Erfolge erzielen.

Kleingewässer werden von vielen Karpfenanglern nicht beachtet. Denn hier gibt es meist nicht die ganz großen Karpfen. Aber das macht sie für den Angler, der es nicht auf Rekorde abgesehen hat, umso attraktiver. Denn der Angeldruck ist erfreulich gering. Während man an stärker frequentieren Gewässern oft mehr Zeit einplanen muss, um einen Karpfen ans Band zu bekommen, kann man am weniger frequentierten auch bei einem kurzen Ansitz am Morgen oder nach der Arbeit fangen. Der Erfolg ist durch regelmäßiges Anfüttern zur gleichen Zeit steuerbar. Ich habe an meinem kleinen Fluss eine Stelle das ganze Jahr unter Futter gehalten und konnte so nach der Schule für ein paar Stunden ans Wasser fahren. Einen trockenen Kescher musste ich beim Zusammenpacken nur selten in meinem Futteral verstauen. An einem größeren und stärker befischten Gewässer wäre das permanente Anfüttern einer Stelle kaum möglich gewesen. Zu groß war das Risiko, dass dort ein anderer Angler bewusst oder unbewusst fischte und die Früchte meiner Arbeit erntete.

An kleinen Gewässern kann man übrigens sehr gut mit ebenfalls kleineren Futtermengen zum Erfolg kommen. Die Karpfen sind meist nicht fern und man kann sie mit ein paar Futterschaufel-Ladungen Partikel und einer Handvoll Boilies an eine Stelle gewöhnen.

An kleinen Flüssen und Teichen hat man meiner Meinung nach auch die besten Fangaussichten in den schwierigen Jahreszeiten. Denn Karpfen sind wechselwarme Tiere, weshalb sich ihre Körperaktivität hauptsächlich nach der Wassertemperatur richtet. In den Wintermonaten fahren sie ihren Stoffwechsel herunter und nehmen nur wenig Nahrung auf. Entsprechend schwierig ist, sie zu fangen. An einem großen und tiefen Baggersee muss man sich schon ziemlich gut auskennen und wissen, wo sich die Karpfen im Winter aufhalten. An kleinen Gewässern ist das Risiko geringer, an den Fischen vorbei zu angeln: Wenn man nach Misserfolgen die Stelle wechselt, wird man nach einiger Zeit herausfinden, wo sich die passiven Karpfen aufhalten.

Auch im Frühjahr hat man hier schon relativ zeitig gute Chancen auf Fangerfolg. Da die kleinen Gewässer meist relativ flach sind, erwärmen sie sich auch schnell. Die Karpfen im flachen Teich sind also deutlich früher im Jahr wieder aktiv als ihre Artgenossen im tiefen Baggersee, der deutlich länger braucht, um sich aufzuwärmen. Gerade im Frühjahr sollte man nach Perioden mit warmem Wetter seichte Bereiche aussuchen, die sich tagsüber bei Sonneneinstrahlung rasch erwärmen.

Im Fluss müssen die Karpfen permanent gegen die Strömung anschwimmen – auch im Winter. Die Fische sind im Fließgewässer also generell aktiver als in einem See. Wer sich einen Winterkarpfen sichern möchte, hat also an einem (kleinen) Fluss immer noch die besten Chancen.

Auch wenn ich mittlerweile häufig andere Gewässertypen befische, werde ich kleine Seen oder Flüsse niemals aufgeben. Denn meistens ist das Angeln hier entspannend einfach und darüber hinaus auch noch kurzweilig. Das macht nicht nur dem Anfänger Spaß, sondern auch dem fortgeschrittenen Karpfenangler.

Eine Pol-Brille entspiegelt die Wasseroberfläche und ist ein wichtiges Hilfsmittel bei der Stellensuche.

Im Fluss sind die Karpfen auch in den Wintermonaten aktiv und damit fangbar.

## Vorteile von Kleingewässern

- Überschaubare Gewässergröße erleichtert das Lokalisieren der Karpfen
- Interessante Stellen sind einfach zu finden
- Wenig Angeldruck erleichtert das Angeln
- Für Kurzansitze geeignet
- Gute Gewässer für den Winter (Fluss) und fürs Frühjahr (Teiche, Seen)

# Bagger- und Naturseen – für Fortgeschrittene

So schön es am kleinen Fluss und am Teich auch war, irgendwann suchte ich neue Herausforderungen und setzte mir neue Ziele – auch im Hinblick auf die Fischgröße und das Fischgewicht. Denn in den kleinen Gewässern können die Karpfen meist ihr Wachstumspotenzial nicht ausschöpfen. Und so wechselte ich an die Gewässertypen, an denen wohl die meisten Karpfenangler ihre Montagen auswerfen – Bagger- und Naturseen.

Besonders ausgediente, geflutete Sand- und Kiesgruben haben sich in den letzten Jahren zu echten Großkarpfen-Gewässern entwickelt. Diese Baggerseen sind häufig reich an natürlicher Nahrung, außerdem erfolgt durch die Angler ein zusätzlicher Futtereintrag. Diese Kombination ist verantwortlich dafür, dass die Karpfen in diesen Gewässern enorm abwachsen und das Durchschnittsgewicht der dort gefangenen Fische mittlerweile erfreulich hoch liegt.

Natürlich sind hier die Voraussetzungen anders als an den bereits beschriebenen Kleingewässern. Die Wasserfläche ist meist deutlich größer und es fällt erheblich schwerer, gute Stellen ausfindig zu machen. Ob am Natur- oder am Baggersee – wo sich Unebenheiten im Bodenprofil befinden, kommt der Fisch vorbei: Plateaus, Kanten oder Flachwasserzonen sind immer für einen Fisch gut. Aber abgesehen von Flachwasserzonen, die man eventuell noch mit Hilfe einer Polbrille ausfindig machen kann, fällt es gar nicht so leicht, diese Bodenstrukturen zu ermitteln.

Am einfachsten fällt die Stellensuche, wenn man das Gewässer mit einem Boot befahren darf. Dann bringt man am Boot ein Echolot an und fährt den See im Zickzack-Kurs ab. Mit Hilfe des Echolotes kann man Erhebungen und Kanten sehr gut finden.

Was aber, wenn man wie leider an den meisten Baggerseen üblich, kein Boot beziehungsweise Echolot verwenden darf? Dann muss man die Lotrute zu Hilfe nehmen und so aussichtsreiche Plätze ermitteln. Als ich von den Kleingewässern an einen größeren Baggersee gewechselt bin, habe ich die unproduktiven Monate Januar und Februar damit verbracht, das Gewässer auszuloten und die Ergebnisse in einer selbst gezeichneten Gewässerkarte zu verzeichnen.

Das Ausloten sollte man nicht auf die leichte Schulter nehmen, denn es erfordert Zeit und Arbeit. Mal eben eine Stunde an den See fahren und den Gewässergrund sondieren – das funktioniert nicht. Interessante Bereiche müssen mit vielen Würfen beharkt werden, um sich ein gutes Bild von der Tiefenstruktur machen zu können.

Fürs grobe Ausloten verwende ich eine Karpfenrute und eine Rolle mit geflochtener Schnur. Ans Ende der Schnur knüpfe ich ein 60 Gramm schweres Blei. Das werfe ich an eine interessante Stelle und lasse es an relativ gestraffter Schnur zum Grund sinken. In der Absinkphase zähle ich die Sekunden, bis das Blei am Boden angekommen ist. Dauert es

Baggerseen haben sich zu echten Großkarpfenge-wässern entwickelt.

Mit einer Lotmontage lernt man viel über den Gewässerboden und findet interessante Stellen.

sechs Sekunden, ist es an der Stelle etwa sechs Meter tief. Diese Methode ist nicht absolut genau, ist aber sehr praktikabel, um Gewässerabschnitte systematisch abzusuchen.

Wenn ich an einer Stelle bis acht zähle, etwas weiter ab nur bis vier, habe ich eine interessante Unebenheit gefunden. Dann gehe ich zu einer genaueren Untersuchung über und untersuche die Zone detailliert. Zieht man das Blei über den Boden, lässt sich mit etwas Übung auch erfühlen, wie der Boden beschaffen ist.

Bei hartem, kiesigen Boden, der immer für einen Fisch gut ist, ruckelt es ganz leicht in der Rute. Bei vereinzelten großen Steinen ruckelt es etwas stärker. Wächst Kraut am Gewässergrund, bleibt das Blei manchmal hängen. Hat man es mit starkem Krautbewuchs zu tun, kann man das Blei gar nicht oder nur mit starkem Kraftaufwand bewegen. Tiefer Schlamm sorgt dafür, dass das Blei darin versinkt. Dann spürt man einen permanenten Widerstand.

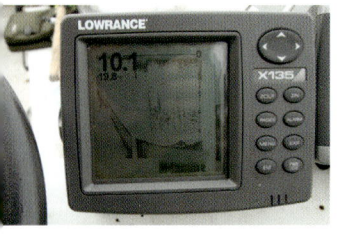

In vielen Baggerseen befinden sich Kanten in Ufernähe. Am Fuß der Kante ist ein guter Platz.

Plateaus sind klassische Stellen fürs Karpfenangeln – aber häufig auch stark befischt.

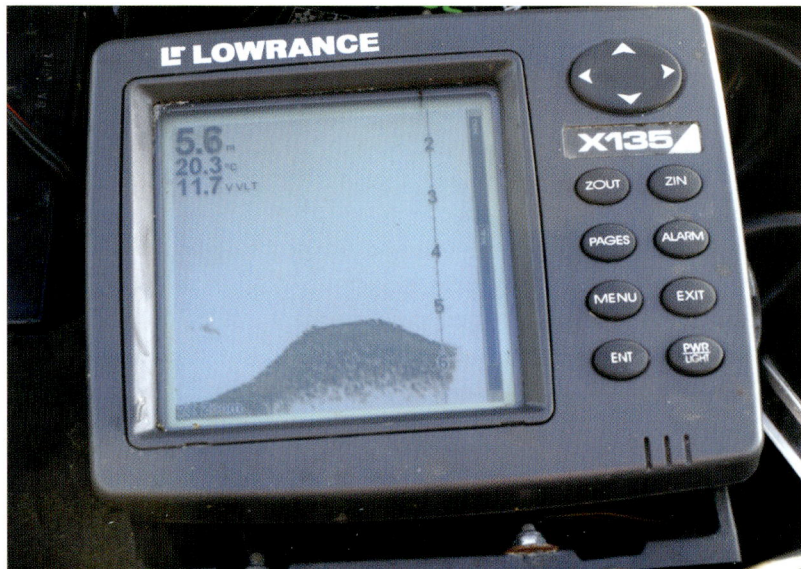

Versunkene Bäume und ins Wasser gefallene Äste sind ein Hotspot – aber nicht ungefährlich.

Bei Schlamm unterscheidet man zwischen nährstoffreichem Schlamm und übel riechendem Faulschlamm. Faulschlamm riecht sehr unangenehm, und dieser Schlamm überträgt den Geruch innerhalb kurzer Zeit auch auf den Köder. Ist man unsicher, ob es sich an der Stelle um »guten« oder »schlechten« Schlamm handelt, genügt es meist, eine mit einem Boilie beköderte Montage dort zu platzieren und eine Stunde zu warten. Dann wird die Montage eingekurbelt und man nimmt eine Geruchsprobe des Köders. Riecht der Boilie faulig, kann man diesen Platz von der Liste streichen.

Wer die Tiefe ganz genau wissen möchte, kann eine genauere Lotmontage an einer zweiten Rute einsetzen. Diese besteht aus einem schweren Blei und einer speziellen Lotpose, die auf der Schnur läuft. Mittlerweile werden solche Lotposen zusammen mit dem passenden Marker-Kit geliefert, sprich mit Blei, Wirbel und dem nötigen Zubehör.

An Ästen setzen sich Muscheln fest. Hier ist der Tisch für die Karpfen reich gedeckt.

Bevor es mit dieser Montage ans genaue Ausloten geht, misst man die Entfernung zwischen Rolle und erstem Rutenring (Startring). Nach dem Auswerfen lässt man die Montage absinken und kurbelt Schnur ein, bis die Pose am Blei angekommen ist. Nun zieht man mit der Hand Schnur von der Rolle – bis zum ersten Rutenring. Dieser Vorgang wird mehrfach wiederholt und man merkt sich die Anzahl der Wiederholungen. Taucht die Pose an der Wasseroberfläche auf, addiert man die Längen der abgezogenen Schnur und weiß genau, wie tief es an der Stelle ist.

Mit der groben und der detaillierten Lotmethode kann man sehr viele Details über Tiefe und Bodenstruktur ermitteln. Erhebungen und Kanten kann man also auch ohne Echolot oder andere technische Hilfsmittel finden.

Gerade junge Baggerseen sind häufig ziemlich strukturarm. Hier wurde gründlich ausgebaggert und man findet kaum Plateaus. Dann sind Abbruchkanten heiße Zonen. Diese Kanten befinden sich meist gar nicht so weit vom Ufer entfernt. Ich habe sehr gute Erfahrungen damit gemacht, meine Montage am Fuß so einer Kante zu präsentieren. Die Fische scheinen dort sehr häufig entlang zu patrouillieren.

An Schilffeldern halten sich Karpfen gerne auf.

Gerade an stärker befischten Gewässern sind die Nachtstunden produktiv.

Im flachen Bereich der Kante fische ich meist nur im Sommer. An der Kante selbst zu fischen, ist meist nicht leicht. Denn häufig rutscht die Montage den Abhang hinunter, sammelt dabei Dreck ein und funktioniert nicht mehr richtig. Das habe ich an einem Baggersee erlebt, an dem ich meine Montage mit Hilfe des Schlauchbootes an einer steilen Kante ablegen wollte. Als ich das Blei am Safety-Clip zum Grund abgelassen hatte, konnte ich deutlich spüren, wie die Montage nicht zum Liegen kam und die Kante hinabkullerte. Flache Bleie mit Profil können eine Lösung sein, funktionieren aber auch nicht immer.

In den letzten Jahren ist zu beobachten, dass das Wasser in vielen Seen immer klarer wird. Damit verbunden ist ein starkes Wachstum der Unterwasserpflanzen. An Plätzen mit relativ niedrigem Krautbewuchs kann man noch gut mit dem Chod-Rig fischen, aber wenn das Grünzeug richtig hoch wächst, wird es schwierig. Versinkt die Montage tief in den Wasserpflanzen, wird der Köder von den Karpfen wahrscheinlich nicht gefunden. Außerdem setzen sich Stängel und Blätter am Haken fest, so dass das Rig nicht mehr arbeiten kann. Selbst wenn ein Karpfen den Köder einsaugt, wird er höchstwahrscheinlich nicht gehakt.

Es gilt also mit Hilfe des Lot- und Tastbleies die Krautgrenze zu finden und den Köder hinter der Grenze anzubieten, also dort, wo der Grund relativ sauber ist. Diese Grenze kann durchaus in den tiefen Regionen des Sees liegen. Ich kenne ein Gewässer, in dem kann man erst ab einer Tiefe von acht Metern sicher vor dem Grünzeug sein. Aber von dieser Tiefe sollte man sich nicht abschrecken lassen. Ich habe die Karpfen in diesem See schon in Tiefen bis zu 12 Metern überlistet.

Schilffelder sind auf den ersten Blick ersichtliche Hotspots. An oder im Schilf halten sich die Bartelträger besonders gerne auf. Ich platziere gerne eine Montage nur einen oder zwei Meter von den Stängeln ent- fernt. Allerdings ist das Angeln am Schilf nicht ganz ungefährlich. Es kann passieren, dass der Fisch nach dem Biss sofort ins Schilf flüchtet und sich dort festsetzt. Kann man dem Karpfen nicht entgegengehen oder ihn mit Hilfe eines Bootes aus dem Dschungel lösen, ist ein Abriss vorprogrammiert.

Allerdings habe ich die Erfahrung gemacht, dass die Karpfen sich diesbezüglich von Gewässer zu Gewässer unterscheiden. Ich kenne Seen, da flüchtet nahezu jeder gehakte Fisch sofort ins Schilf. An anderen Seen hingegen ziehen 95 Prozent der gehakten Karpfen ins Freiwasser und lassen sich dort relativ problemlos ausdrillen. Man muss also herausfinden, wie die Karpfen im jeweiligen Gewässer ticken und gegebenenfalls einen Sicherheitsabstand halten.

Auch ins Wasser gefallene Bäume sind immer einen Versuch wert. Zwischen dem Geäst finden die Karpfen Schutz und Nahrung. Meist setzen sich an den Ästen Muscheln fest, die sich die Karpfen schmecken lassen. Wie beim Angeln am Schilf spielt auch hier das Thema Sicherheit eine große Rolle. Liegen die Montagen in der Nähe eines Hindernisses, sollte man robustes Gerät und eine Schlagschnur verwenden. Außerdem darf es keine Minute dauern, bis man an der Rute ist. Bis dahin könnte sich der Fisch schon im Geäst festgesetzt haben und muss dann abgerissen werden. Abgesehen davon, dass der Angler dann neu montieren muss, besteht auch die Gefahr, dass der Fisch Schaden erleidet – und das kann nicht Sinn der Sache sein. Auch am Holz ist ein ausreichender Sicherheitsabstand Pflicht. Wenn das Risiko eines Fischverlustes sehr hoch ist, sollte man sich zum Wohl der Karpfen einen anderen Platz suchen.

Gerade an Baggerseen oder auch Naturseen mit wenig auffälliger Bodenstruktur sollte man die relativ flache Uferzone nicht vernachlässigen. Hier lassen sich mit wenig Aufwand echte Hotspots finden. Im Sommer bin ich solch eine etwa einen Meter tiefe Zone barfuß abgeschritten. Überall war der Gewässerboden recht schlammig, aber plötzlich merkte ich, dass der Grund in einem etwa fünf Quadratmeter großen Bereich nicht mehr weich, sondern hart war. Genau dort legte ich in der nächsten Nacht meine beköderten Montagen aus – und fing hervorragend.

Das flache Wasser schien die Fische nicht zu stören. Ich fing in einem Meter Wassertiefe richtig große Karpfen. Eigentlich hätte man vermuten können, dass ihre Rückenflossen aus dem Wasser hätten schauen müssen. Der Platz war nicht nur produktiv, er war auch simpel zu befischen. Ich musste die Montage nicht einmal auswerfen, sondern konnte sie in die Hand nehmen, ins Wasser steigen und sie einfach an der harten Stelle ablegen. Noch ein paar Boilies »drumherum« platziert – einfacher und effektiver geht es nicht.

Solche Uferstellen sind empfindlich und müssen gepflegt werden: Als Voraussetzung für einen guten Uferplatz gilt neben der passenden Bodenstruktur, dass er ruhig gelegen ist – also möglichst nicht an einem Spazierweg oder an einer Badestelle für Hunde. Die Karpfen suchen die flachen Bereiche nur auf, wenn sie sich dort sicher fühlen. Und das ist nur gegeben, wenn die Plätze abseits des Trubels liegen. Tagsüber

Das Messen der Wassertemperatur gibt Aufschluss über die Fangaussichten.

Wo sich Wasservögel aufhalten, gibt es meist natürliche Nahrung. Da sind auch die Karpfen nicht weit.

werden die Karpfen die extrem flachen Bereiche wahrscheinlich eher selten aufsuchen, deshalb muss man sich auf die ruhigen Nachtstunden konzentrieren.

Wer in Ufernähe fischt, muss Maß halten. Denn solch ein Platz ist schnell »kaputtgefischt«, wenn dort zu viele Fische in einem relativ kurzen Zeitraum gefangen werden. Ich bin so vorgegangen, dass ich spätestens nach dem zweiten Karpfen in der Nacht die Montage nicht mehr dort abgelegt habe. Nach einer Angelnacht ließ ich eine Nacht vergehen und präparierte die Stelle jeden Abend mit etwas Futter, bevor ich sie wieder befischte. So konnte ich verhindern, dass die Karpfen misstrauisch wurden.

Leider blieben meine Fangerfolge nicht unbemerkt und bald befischten auch andere Karpfenangler die Stelle. Sie gingen aber nicht so maßvoll zu Werke und beangelten den Platz mehrere Nächte am Stück. Zunächst waren die Fänge gut, gingen dann aber schnell rapide zurück. Heute ist diese ehemals gute Stelle verbrannt, es wird dort nur noch in Ausnahmefällen ein Fisch gefangen.

Das zeigt einmal mehr, dass der Karpfenangler nicht gierig sein sollte: Es ist langfristig besser, einer guten Stelle etwas Ruhe zu gönnen – auch wenn es dem Angler schwer fällt. Das gilt sicher nicht nur für am Ufer gelegene Plätze, sondern generell für alle anderen interessanten Spots in einem Gewässer.

Was den Beginn der Saison betrifft, so sind größere und tiefere Seen Spätstarter. Denn hier erwärmt sich das Wasser deutlich langsamer als in kleinen flachen Gewässern. Wenn in Parkteichen und kleinen Flüssen die Karpfen schon aktiv sind, kann es sein, dass ihre Artgenossen im Baggersee noch deutlich passiver sind. Man hört und liest von der magischen 8-Grad-Grenze. Wenn im Frühjahr die Temperatur diese Marke überschreitet, soll sich das Karpfenangeln wieder so richtig lohnen. Diese Meinung teile ich nur bedingt.

Denn misst man im Uferbereich eines Sees 8 Grad, heißt das noch lange nicht, dass das auch für die tieferen, weiter vom Ufer entfernt gelegenen Regionen gilt. Wenn sich die Karpfen in den tiefen Bereichen

Dieser Spiegler aus einem Natursee in Mecklenburg-Vorpommern flüchtete nach dem Biss ins Schilf und wurde mit Hilfe des Bootes befreit.

aufhalten, bekommen sie höchstwahrscheinlich gar nicht mit, dass es im Uferbereich auf einmal etwas wärmer ist. Auch wenn die ersten Sonnenstrahlen Wintertristesse vertreiben, warte ich noch, bis das Thema 10 oder 12 Grad anzeigt und Wind das Wasser des Sees durchmischt hat.

Je nach Witterung sind Ende April, Mai und Juni bis zur Laichzeit sehr gute Monate für den Karpfenfang. In der Laichzeit haben die Karpfen etwas anderes im Kopf als fressen und sind dann schwierig zu fangen. Aber wenn man den richtigen Zeitpunkt erreicht, an dem das Laichgeschäft abgeschlossen ist, kann man wahre Sternstunden erleben.

In älteren Büchern liest man häufig, dass die Sommermonate die beste Zeit fürs Karpfenangeln seien. Diese Meinung gilt mittlerweile als überholt. Im Sommer fallen die Fangergebnisse bei mir meist schlechter aus als im späten Frühjahr oder im Frühsommer. Das Angebot an natürlicher Nahrung ist im Sommer in vielen Gewässern groß. Da bedienen sich die Karpfen lieber am Buffet der Natur, als das Futter und die Köder der Angler zu fressen, mit denen sie eventuell sogar schon schlechte Erfahrungen gemacht haben.

Wenn ab Oktober die Wassertemperatur rapide sinkt, die ersten Herbststürme übers Land und über die Gewässer fegen und man nachts mit Minustemperaturen zu rechnen hat, beginnt noch einmal eine ganz heiße Zeit für den Karpfenangler. Denn die Karpfen werden jetzt noch einmal richtig aktiv und fressen sich ein Polster für den bevorstehenden Winter an. Und weil das Vorkommen an natürlicher Nahrung im Vergleich zum Sommer deutlich kleiner ist, lassen sie sich mit Partikel, Boilies & Co. wieder sehr gut fangen.

Je weiter der Herbst voranschreitet, desto tiefer biete ich meinen Köder an, denn die seichten Bereiche kühlen nun relativ schnell aus. Im Herbst kann ich die schon erwähnte 8-Grad-Regel unterschreiben. Bis zu dieser Wassertemperatur läuft es nämlich richtig gut. Liegt die Wassertemperatur unter 8 Grad, wird es schwierig.

Wer auch im Winter fischen möchte, dem empfehle ich vorrangig tiefe Zonen und kleinere Futtermengen. Man muss allerdings wissen, wo sich die Karpfen in dieser Zeit aufhalten, denn großartige Streifzüge unternehmen sie in der kalten Zeit nicht durchs Gewässer. Man kann auch im Winter schöne Karpfen fangen. Allerdings muss man dann wenig Aktion und Ansitze ohne Biss in Kauf nehmen.

### Fängige Tipps für Baggerseen und größere Stillgewässer

- Strukturen wie Plateaus oder Kanten mit Hilfe der Lotrute suchen.
- Schilffelder und ins Wasser gefallene Stellen sind Top-Plätze – wenn sie sich sicher befischen lassen.
- Ruhige Bereiche in der flachen Uferzone befischen
- Gute Stellen nicht ständig beangeln, sondern längere Pausen zwischen den Ansitzen lassen.
- Frühsommer und Spätherbst sind die aussichtsreichen Zeiten.

# Stauseen, große Flüsse und Kanäle – eine Herausforderung

Karpfenangler, die eine Herausforderung suchen, sind an Stauseen, großen Flüssen und Kanälen genau richtig. Anfängern sind diese Gewässer weniger zu empfehlen, weil sie meist recht anspruchsvoll sind und etwas Erfahrung beim Angler voraussetzen.

Wo sind hier die Fische? So lautet die Frage angesichts der riesigen Wasserfläche.

## Stauseen

Bekannte Stauseen liegen in Frankreich, Italien oder auch in Spanien. Hier hat man es teilweise mit riesigen Wasserflächen zu tun. Die größte Schwierigkeit besteht darin, die Karpfen zu lokalisieren. Wer sich verkalkuliert, kann ganz schnell am Fisch vorbeiangeln und sitzt eine Woche ohne Biss am Gewässer.

Manchmal kann man an großen Stauseen interessante Spots anwerfen, aber das ist eher selten der Fall.

Bevor man einen Angelplatz wählt, sollte man erst einmal eine Tour um das Gewässer unternehmen, verschiedene interessante Bereiche sondieren und nach Fischen Ausschau halten, die sich etwa durch Rollen oder Sprünge an der Wasseroberfläche zeigen. Es gibt an vielen Seen Zonen, in denen sich zu bestimmten Zeiten ein Großteil der gesamten Karpfenpopulation aufhält, etwa flache Bereiche im Frühjahr vor der Laichzeit. Im Sommer oder im Herbst sind manchmal tiefe Teile des Gewässer aussichtsreicher.

Auch zu Hause kann man sich durch das Studium von Gewässerkarten oder Satellitenbildern (etwa bei Google Maps oder Google Earth) einen ersten Eindruck über die Bedingungen vor Ort verschaffen.

Insgesamt sind gerade die großen Seen übrigens sehr windanfällig. Zieht ein Sturm auf, ist man den Gewalten der Natur ausgeliefert.

Für einen kurzen Ansitz von ein oder zwei Tagen sind diese Gewässer aufgrund ihrer Entfernung und ihrer Beschaffenheit weniger geeignet. Hier muss man schon eine Woche oder länger fischen, um gute Chancen auf einen oder mehrere Karpfen zu haben und sich vor allem zu entspannen. Stellt man sich allerdings der »Herausforderung Großgewässer«, kann man dort unvergessliche Stunden in herrlicher Umgebung abseits der Zivilisation verbringen – und richtig dicke Karpfen fangen. Neben der Ausrüstung, die man für den längeren Ansitz benötigt, sind ein oder sogar zwei Boote Pflicht. Gerade an großen Seen liegen die Hotspots oft in großer Entfernung zum Ufer und lassen sich nicht anwerfen. Ohne Boot, das dem Angler dabei hilft, Futter und Montagen auszubringen, ist man aufgeschmissen.

Um den zu befischenden Teil des Gewässers nach Hotspots absuchen zu können, empfiehlt sich ein Echolot. Sehr hilfreich ist auch ein GPS-Gerät, entweder ins Echolot integriert oder ein Handgerät. Damit kann man interessante Stellen einspeichern und findet sie auch schnell wieder. Wer auf diese Technik verzichten möchte, kann potenzielle

Ein Boot ist an großen Seen unerlässlich. Es hilft beim Ausbringen und Ablegen der Montage, beim Anfüttern und beim Drillen.

Um einen Schnurbogen zu verhindern, sollte man ein Rod Pod verwenden, das einen steilen Rutenaufbau ermöglicht.

Hotspots auch mit Hilfe von Bojen markieren. Ein Elektro-Motor ist ebenfalls zu empfehlen, allerdings muss man dafür dann auch die relativ schwere Autobatterie als Energiequelle mitnehmen beziehungsweise ans Gewässer tragen.

Wie an anderen Gewässern auch, ist der Wind ein gutes Hilfsmittel, um attraktive Plätze zu finden. Das Ufer, auf dem der Wind steht, ist generell einen Versuch wert. Hier ist der Sauerstoffgehalt des Wassers besonders hoch und außerdem wird natürliche Nahrung freigespült. Dadurch werden die Karpfen angelockt.

Wenn wir schon einmal beim Wind sind: An der überwiegenden Zahl der Gewässer freue ich mich immer über Wind, weil er die Fangaussichten verbessert. Es sei denn, es handelt sich um herbst- oder winterlichen Ostwind. Weht der Wind aus dieser Richtung, scheint er den Karpfen den Appetit zu verderben. Das gilt ganz besonders für die Uferseite, auf die der Ostwind steht. Schon mehrfach saß ich bei »gutem« Süd- oder Westwind am Gewässer und hatte gute Fangergebnisse zu verzeichnen. Als der Wind jedoch drehte und aus Osten kam, war es mit den Fängen auf einmal vorbei – wie abgeschnitten.

Das alte Anglersprichwort »Weht der Wind aus Osten, sollen die Angeln rosten«, trifft so explizit zwar auch nicht zu, allerdings würde ich bei vorherrschendem Wind aus dieser Richtung Plätze oder Gewässerbereiche wählen, die möglichst windgeschützt liegen.

Grundsätzlich gilt es an Großgewässern, analog zu Baggerseen und kleineren Naturseen, Unebenheiten im Bodenprofil zu finden: Plateaus, Kanten oder Flachwasserzonen. Besonders an Stauseen ist das alte Bett des Flusses, der den Stausee speist, ein sehr aussichtsreicher Bereich. Die Karpfen folgen bei ihren Zügen durchs Gewässer häufig dem alten Flussbett. Wer diese Struktur finden kann, hat schon gute Karten.

Wie man das Flussbett befischt, hängt von den Vorlieben der Karpfen

Dieser Fisch wurde auf große Entfernung gehakt.

ab. Manchmal schwimmen und fressen sie mitten im alten Flussbett, ein anderes Mal stehen die Chancen besser, wenn man die beköderte Montage an den Rändern des alten Flussbettes präsentiert. Hier ist experimentieren angesagt.

Weil man im Ausland meist mit drei oder vier Ruten pro Angler fischen darf, empfehle ich, verschiedene Spots und Wassertiefen zu befischen. So kann man herausfinden, wo sich die Fische gerade aufhalten. Bekommt man an einem Platz auffällig viele Bisse, kann man dort noch eine zweite Rute platzieren und so seine Fangchancen erhöhen.

Da man manchmal in Entfernungen von 200 oder 300 Metern angelt, sollte man Spulen mit geflochtener Schnur dabei haben. Beim Distanzangeln mit Monofilament besteht aufgrund der Dehnung die Gefahr, dass man gar nicht mitbekommt, was am anderen Ende der Schnur passiert oder erst sehr spät über einen Biss informiert wird.

Ein Rod Pod, mit dem man die Ruten bei Bedarf so aufstellen kann, dass sie steil nach oben zeigen, ist ein großer Vorteil, weil man so Schnur aus dem Wasser halten und einen Schnurbogen verhindern kann. Das verbessert die Bissanzeige.

Häufig ziehen durch Großgewässer riesige Weißfischschwärme. Diese Mitesser sollte man bei der Planung der Futtermenge berücksichtigen. Also lieber etwas zu viel Futter mitnehmen als zu wenig. Wenn man aus Futtermangel nach ein paar Tagen nicht mehr effektiv angeln kann, ist das sehr ärgerlich.

So schöne Schuppis kann man in Stauseen fangen.

## So fängt man am Stausee

- Zu Hause (Internet) und vor Ort einen groben Überblick über das Gewässer verschaffen
- Zeit einplanen: Manchmal kann es etwas dauern, bis sich die Karpfen am Platz einstellen
- Auffällige Bodenstrukturen suchen
- Interessante Plätze mit Hilfe eines GPS-Gerätes oder von Bojen markieren
- Verschiedene Stellen gleichzeitig beangeln

Große Flüsse wie der
Rhein sind Herausfor-
derung und Wundertüte
zugleich.

Große Flüsse wie der
Rhein sind Herausfor-
derung und Wundertüte
zugleich.

## Große Flüsse

Wer sich die Hitparaden und Fangstatistiken der Angelmagazine
anschaut, wird feststellen, dass dort große Flüsse wie etwa der Rhein
ganz vorne mitspielen. Man findet dort viele Fangmeldungen zu kapitalen
Fischen verschiedenster Arten, die aus den großen Strömen stammen.

Auch fürs Karpfenangeln besitzen die großen Ströme großes Poten-
zial. Wie groß die Karpfen wirklich sind, die etwa im Rhein, in der Donau
oder in der Elbe schwimmen, kann wohl niemand genau sagen. Die
Wasserfläche ist einfach zu groß und die Anzahl der Angler, die dort
gezielt auf Karpfen fischt, ist einfach zu klein, um absolut sichere Aussagen treffen zu können.

Die großen Ströme sind wie eine Wundertüte für den Karpfenangler:
Man weiß nie, was der Ansitz bringen wird – ein großer Fang ist immer
möglich. Viele Karpfen im Rhein oder in der Elbe haben noch nie einen

Buhnenfelder sind aus-
sichtsreiche Stellen
am Fluss.

Boilie oder einen Haken gesehen. Flusskarpfen sind meist muskelbe-packte, schlanke Kämpfer. In Verbindung mit der starken Strömung machen sie den Drill zu einem unvergesslichen Erlebnis. Das macht den Reiz des Karpfenangelns an großen Flüssen aus.

Nicht zuletzt kommt man für die großen Flüsse problemlos an Tages-, Monats- oder Jahresscheine. Die meisten Angelläden in der Nähe der Flüsse verkaufen die Erlaubniskarten für einen relativ günstigen Preis. Häufig muss man nicht in einen Angelverein eintreten, sondern zahlt einfach eine Jahresgebühr und kann dann nach Herzenslust angeln.

Warum fischen nur wenige Karpfenangler an den großen Flüssen? Ganz einfach, weil sie nicht leicht zu beangeln sind. Dafür sind mehre-re Faktoren verantwortlich. Aufgrund der großen Wasserfläche ist die Dichte an Karpfen meist ziemlich gering. Man kann also generell nicht erwarten, an einem Tag oder in einer Nacht gleich mehrfach aus dem Zelt geklingelt zu werden. Das musste ich bei meinen Ansitzen am Rhein feststellen, denn nicht selten ging ich als Schneider nach Hause.

Ein weiterer Faktor, der die Fischerei erschwert, ist die starke Strö-mung. In der Hauptströmung zu fischen ist fast immer aussichtslos, denn die Karpfen werden hier nicht auf Futtersuche gehen beziehungsweise man kann hier kaum Futter und die Montage präsentieren. Das schränkt die Wahl der Angelstelle ein. Hinzu kommt der besonders am Rhein sehr starke Schiffverkehr. Die Kähne saugen das Futter förmlich vom Platz und verteilen es im gesamten Fluss. Das macht das Anlegen eines kon-zentrierten Futterplatzes sehr schwierig.

Und als wäre dies nicht genug, hat man auch noch mit Störenfrieden ohne Schuppen zu kämpfen, die sich über die Hakenköder hermachen: Wollhandkrabben. Boilies und Partikel scheinen bei diesen aus Asien eingeschleppten Plagegeistern hoch im Kurs zu stehen. Sie knabbern die Köder an und verwickeln sich in die Vorfächer. Manchmal beschädigen sie auch die Schnur, so dass sie dann beim Drill eines Fisches reißt.

Trotzdem ist es reizvoll, sich der »Herausforderung Flusskarpfen« zu stellen. Denn Karpfen aus dem Rhein oder der Elbe sind für mich etwas ganz besonderes. Bei der Stellenwahl fallen sofort Buhnen Auge. Das sind Steinschüttungen, die in den Fluss hineinragen. Zwischen den Buhnen befinden sich die so genannten Buhnenfelder. Hier wird die Strö-mung gebrochen und es bilden sich ruhige Bereiche, in denen sich die Karpfen aufhalten können, ohne beim Ankämpfen gegen die Kraft des Flusses großartig Energie zu verbrauchen. Dort gehen die Bartelträger auch auf Futtersuche.

Allerdings ist Buhnenfeld nicht gleich Buhnenfeld. Es gibt flache und tiefe Felder. Ich habe bei meinen Versuchen am Fluss die Erfahrung gemacht, dass tiefe Buhnenfelder deutlich bessere Aussichten auf Fangerfolg bieten als seichte. Besonders das erste in Strömungsrichtung gelegene Buhnenfeld in einer Außenkurve ist meist sehr tief und daher immer für einen Versuch gut.

Ein Stück weiter hinten
mündet der Nebenfluss.
Dort lohnt sich ein Versuch.

Die Köder müssen regel-
mäßig kontrolliert werden.

Größere Futtermengen
sind an den großen Strö-
men Pflicht. Partikel schonen das Portemonnaie.

Findet man ein interessantes Buhnenfeld, sollte man es ausloten, mit Hilfe der Lotrute oder wenn erlaubt mit Hilfe von Boot und Echolot. Bei Niedrigwasser im Sommer kann man ebenfalls viel über die Beschaffenheit von Buhnenfeldern herausfinden. Denn dann fallen sie trocken und geben ihr Geheimnis preis. Bei dieser Gelegenheit findet man so manches Loch, das man sich unbedingt einprägen sollte. Hier sammelt sich die natürliche Nahrung und genau dort sollten auch Futter und Montage hin.

Auch die tiefe Strömungskante am Buhnenkopf ist immer für einen Fisch gut. Grundsätzlich braucht man beim Flussangeln aufgrund der zahlreichen Hindernisse und der großen Kampfkraft der Karpfen recht grobes Material. Die monofile Hauptschnur darf ruhig 0,40 Millimeter dick sein, dicke Schlagschnüre und starke Vorfächer verhindern, dass der Fisch verloren geht.

Das Blei muss schwer genug sein, mit 60 oder 70 Gramm kommt man hier nicht weit. Ich gehe beim Flussangeln nicht unter 100 Gramm. Auch die Haken dürfen etwas größer ausfallen. Ich verwende ein dickdrahtiges Modell in Größe 2. Von Vorteil ist eine etwas nach innen gebogene Hakenspitze. Dann ist die Gefahr geringer, dass die Hakenspitze nach Kontakt mit Steinen krumm oder stumpf wird. Ausgeklügelte Montagen sind am Fluss überflüssig. Die Karpfen sind dort nicht zimperlich und haben meist auch keine schlechten Erfahrungen mit Boilies und Karpfenmontagen gemacht.

Neben Buhnenfeldern sind Einfahrten von Industrie- und Sportboothäfen interessante Bereiche. Hier findet man ruhiges und recht tiefes Wasser. Ich habe mit Erfolg die Ausfahrt eines Sportboothafens befischt. Die Wassertiefe lag hier bei fünf bis sechs Metern und die Strömung war dort vergleichsweise schwach. Hier konnte ich gut Montage und Futter präsentieren.

Bei der Futtermenge kann man ruhig etwas großzügiger sein als beim Angeln im Stillwasser. Denn durch die Strömung wird immer etwas Futter abgetrieben und außerdem gibt es viele Fische wie Brassen, Rotaugen oder Barben, die sich gerne an der Futterstelle bedienen. Da muss schon etwas mehr am Platz liegen, damit die Karpfen auch auf ihre Kosten kommen.

Masse machen mit Boilies ist ein teurer Spaß. Deshalb füttere ich beim Flussangeln gerne mit einer relativ günstigen Partikelmischung. Es kann durchaus sein, dass man pro Anfüttertag einen oder zwei 10-Liter-Eimer Partikel mit Hilfe der Futterschaufel an die Stelle befördert. Gerne knete ich die Partikel auch in Paniermehl ein und forme Bälle, die ich dann an die gewünschte Stelle werfe. So kommt das Futter besser zum Grund und wird nicht sofort weggeschwemmt.

Wer mit Boilies füttert, sollte eckige Köder in Betracht ziehen. Denn diese Köder sind leichter herzustellen als Kugeln, gerade bei größeren Mengen spart man so eine Menge Zeit. Zudem werden die Vierecke nicht so leicht weggeschwemmt wie Kugeln.

Nicht nur die Hafeneinfahren, auch die Häfen selbst sind interessant, besonders in der kalten Jahreszeit. Dann halten sich Karpfen gerne im ruhigen Wasser auf. Allerdings ist in vielen Sportboothäfen das Angeln mittlerweile nicht mehr gestattet, so dass diese Option häufig wegfällt. Auch Einmündungen von Nebenflüssen sind einen Versuch wert. Die Karpfen pendeln häufig zwischen den beiden Flüssen hin und her.

An einigen Stellen findet man Warmwassereinläufe von Kraftwerken. Diese Stellen sind offensichtliche Hotspots und können gerade im Winter gute Stellen sein. Aber leider sind die Zuflüsse den meisten Anglern bekannt. Entsprechend hoch ist der Angeldruck. Dann ist es wie an anderen Gewässern: Wird eine Stelle zu stark befischt, riechen die Karpfen Lunte und meiden ihn. Wer die in den Fluss reichende Warmwasserfahne nutzen möchte, kann sich etwas stromab des Warmwassereinleiters platzieren. Hier macht sich der Einfluss des warmen Wassers noch bemerkbar. Aber der Angeldruck ist hier deutlich geringer.

Das schon angesprochene Wollhandkrabbenproblem lässt sich eigentlich nicht zufriedenstellend lösen. Die einzige Lösung besteht meiner Meinung nach darin, möglichst harte Kugeln zu verwenden. Dann sind sie etwas widerstandsfähiger gegen die Attacken der Krabben. Weiche Boilies, die auch noch intensiv riechen, machen die Wollhandkrabben eher aufmerksam. Man sollte den Köder regelmäßig kontrollieren und bei Bedarf erneuern. Wer zu bequem für eine Köderkontrolle ist, riskiert, nach einiger Zeit ohne Köder zu fischen oder eine Krabbe am Haken zu haben, die dafür sorgt, dass die Montage nicht mehr ordentlich funktioniert.

Meine persönlichen Erfahrungen zu Fangzeiten sind, dass es abends und ganz besonders in den frühen Morgenstunden gut beißt. Tagsüber und nachts fielen die Fangergebnisse deutlich schlechter aus. Weil die Fische gegen die Strömung anschwimmen müssen, verbrauchen Sie viel Energie und müssen auch bei kälterem Wasser Nahrung zu sich nehmen, um ihren Energiebedarf zu decken. Das macht den Fluss auch zu einem guten Gewässer für die kältere Jahreszeit.

Das Karpfenangeln am großen Fluss ist zwar nicht die einfachste Disziplin und häufig auch anstrengend. Aber spätestens wenn ein bärenstarker Flusskarpfen gebissen hat, der Bissanzeiger kreischt und man mit krummer Rute am Ufer steht, sind die ganzen Mühen und Unwägbarkeiten vergessen.

## Den Fluss meistern

- Tiefe und ruhige Stellen suchen: Buhnenfelder, Strömungskanten, Hafeneinfahrten
- Robustes Material verwenden
- Größere Futtermengen einsetzen
- Köder und Montage regelmäßig kontrollieren und gegebenenfalls erneuern
- In den Abend- und Morgenstunden beißt es besonders gut

## Kanäle

Einen weiteren Gewässertyp, den ich zu den eher schwierigen Gewässern zähle, sind Kanäle. Ich muss ehrlich gestehen, dass ich an diesen »Schiffsautobahnen« nicht so gerne fische. Diese häufig monotonen Gewässer, deren Ufer mit einer aus Steinen bestehenden Packlage versehen sind, führen häufig schnurgerade durch die Landschaft und nicht gerade attraktive Industrieregionen. Aber nichtsdestotrotz gibt es viele Karpfenangler, die gerne an Kanälen fischen, gerade auch, weil diese Gewässer anders sind als viele Seen und Flüsse.

Das größte Problem am Kanal besteht darin, Stellen zu finden, an denen sich das Auswerfen der Montage lohnt. Denn irgendwie sehen viele Kanäle auf langen Strecken immer gleich aus. Und auch unter Wasser ist die Tiefe meist ziemlich konstant. Da ist guter Rat teuer. Aber auch Kanäle bieten Abwechslung, man muss sie nur suchen.

An einigen Stellen findet man Verbreiterungen im Kanal. Dabei handelt es sich meist um so genannte Wendebecken. In diesen Bereichen lohnt sich ein Versuch. Weitere gute Zonen sind beispielsweise Zusammenflüsse von zwei Kanälen. Auch an Schleusen lohnt sich das Karpfenangeln.

Ein typischer monotoner Kanal, aber man findet auch hier interessante Plätze wie etwa den Einlauf unten rechts im Bild.

Eine robuste Schlagschnur ist am Kanal hilfreich.

Die Schleusen sind übrigens ein Faktor, der den Fischbestand bestimmt. Viele Kanäle sind durch Schleusen in verschiedene Abschnitte unterteilt. Da die Schleusen für die Fische unpassierbar sind, kann es durchaus sein, dass man in den verschiedenen Kanalabschnitten unterschiedliche Karpfenbestände vorfindet.

Es gibt Kanalabschnitte, in denen schwimmen wenige, aber dafür große Karpfen. Andere Abschnitte hingegen beherbergen viele Karpfen, aber dafür ist das Durchschnittsgewicht relativ niedrig. Wie der Bestand verteilt ist, findet man nur durch Ausprobieren, das Anlegen einer Fangstatistik und durch Gespräche mit Gleichgesinnten heraus. Dann muss der Karpfenangler wissen, was er will: Entweder die Chance auf einen großen Fisch – dann muss man unter Umständen wenig Aktion in Kauf nehmen. Wer mehr Bisse haben möchte, muss einen Abschnitt mit mehr Fisch wählen, wird aber eher selten einen großen Karpfen fangen.

Auch das kann ein Kanal sein: Alte ausgediente Schifffahrtswege sind auch landschaftlich reizvoll.

Kanalkarpfen können heute hier und morgen dort sein. Sie sind häufig Nomaden, die durch das Gewässer ziehen und dabei lange Strecken zurücklegen. Es kann passieren, dass die Plätze, an denen ein Karpfen gefangen wird, mehrere Kilometer voneinander entfernt liegen. Anfüttern kann dann zwar die Chancen auf einen Biss steigern. Allerdings scheint es so zu sein, dass sich die Mehrzahl der Karpfen mit Futter nicht am Platz halten lässt. Sie grasen einen Futterplatz ab und schwimmen dann weiter. Es gehört also auch eine gehörige Portion Glück beziehungsweise das richtige Timing dazu, um die Karpfen am richtigen Ort zur richtigen Zeit abzufangen.

Auf Kanälen sind mehr oder weniger rund um die Uhr Schiffe unterwegs. Auf diesen Schiffsverkehr und die Tatsache, dass die Binnenschiffer meist keine Rücksicht auf Angler nehmen, muss man sich einstellen. Ich erinnere mich noch gut an eine Session an einem belgischen Kanal. Mitten in der Nacht hörte ich plötzlich erst Motorengeräusch und sah dann einen Suchscheinwerfer am Ufer entlangzucken. Kurze Zeit später tauchte aus der Dunkelheit ein Kahn und fuhr an meiner Angelstelle vorbei – und zwar mit Vollgas. Die daraus entstehende Welle raste über die Uferbefestigung in mein Zelt hinein und riss, als sie sich zurückzog, kleinere Ausrüstungsgegenstände mit. Nur mit einem beherzten Sprung von der Liege konnte ich meine Habseligkeiten retten.

Wer am Kanal fischt, sollte also die Schifffahrt einkalkulieren. Das gilt nicht nur für den Aufbau des Camps am Ufer des Kanalufers, sondern auch für die Positionierung der Montagen beziehungsweise die Anordnung. Wenn in der Nähe des eigenen Ufers gefischt wird, muss man sich über die im Wasser befindliche Hauptschnur keine Gedanken machen.

Aber häufig ist das gegenüberliegende Ufer besonders interessant. Vor allem wenn dieses Ufer nicht so gut zugänglich ist. Dann ziehen die Karpfen ganz in der Nähe der Spundwand oder der Packlage entlang und lassen sich dort auch fangen. Wenn die Schnüre allerdings quer durch den Kanal verlaufen, passiert es fast zwangsläufig, dass ein vorbeifahrender Kahn die Leine einfängt. Dann gibt es zwar den gewünschten Dauerton des Bissanzeigers, aber das Duell Frachter gegen Angler wird garantiert das Schiff für sich entscheiden. Deshalb muss man entweder aufmerksam sein und rechtzeitig die Montage einkurbeln oder man verwendet Absenkbleie, die man nach dem Auswerfen der Montage in die Schnur hängt. Das Absenkblei wird dann unter der Rutenspitze zum Grund abgelassen und sorgt dafür, dass die Schnur am Grund entlang läuft und somit nicht in die Schiffsschraube gerät. Hat man es mit steinigem Ufer zu tun, sollte man Sorge tragen, dass das Blei ein Stück vom Ufer entfernt auf dem Boden liegt. Sonst kann es sich in den Steinen verfangen. Absenkbleie verschlechtern zwar die Bissanzeige, aber diesen Nachteil kann man in Kauf nehmen.

Passierende Schiffe können allerdings auch von Vorteil sein. Denn sie wirbeln Sediment auf und das scheint die Karpfen manchmal zum

Rückstände im Karpfensack beweisen, dass das Futter angeschlagen hat. Meist lassen sich Kanalkarpfen aber nicht lange mit Futter an der Stelle halten.

Fressen zu animieren. Wenn das Schiff vorbeigefahren ist, besteht also erhöhte Alarmbereitschaft beim Karpfenangler.

Über Beißzeiten am Kanal kann man keine allgemeingültigen Aussagen machen. Die klassisch guten Phasen, wie der frühe Morgen oder der späte Abend, sind immer aussichtsreich. Es beißt aber auch tagsüber oder nachts. Man muss einfach herausfinden, zu welchen Zeiten die Kanal-Nomaden am Futterplatz vorbeischauen.

Wie beim Flussangeln ist auch am Kanal robustes Gerät gefragt. Denn hier gibt es ebenfalls scharfkantige Steine und Muscheln. Mit einer robusten Schlagschnur macht man in den meisten Fällen nichts verkehrt.

Ein Geheimtipp sind kleine »ausgediente« Kanäle, die mittlerweile schon über 100 Jahre alt sind. Hier gibt es außer dem einen oder anderen Kanufahrer kaum noch Schiffsverkehr und die Natur hat sich ihr Terrain weitestgehend zurückerobert. Diese kleinen Kanäle kann man entspannt befischen und darin sehr schöne Fische fangen. Kanalangeln ist also nicht nur Fischen an der Schiffsautobahn in urbanisierten Regionen. Es kann je nach Geschmack auch naturnah, entspannend und doch so aufregend sein.

Kanal-Experte Stefan Gysbers mit einem schönen Kanal-Spiegler.

## Erfolgreiche Kanal-Strategie

- Unterschiedliche Kanalabschnitte verfügen über verschiedene Karpfenbestände, also Infos sammeln
- Unregelmäßigkeiten wie Wendebecken, Schleusen oder Kanaleinmündungen suchen
- Futter steigert die Fangchancen, man kann die Karpfen meist aber nicht am Platz halten
- Schnüre mit Hilfe von Absenkbleien vor Schiffsschrauben schützen
- Geduld mitbringen: Nicht jeder Angeltag am Kanal ist auch ein Fangtag